브랜드 마케팅

최은지 · 최정선

Brand Marketing

박영사

머리말

브랜드 마케팅은 기업이나 제품의 이미지와 가치를 형성하는 데 중요한 역할을 한다. 효과적인 브랜드 마케팅 전략은 시장에서 경쟁 우위를 확보하고 고객을 유치하는 데 도움을 준다.

강력한 브랜드는 고객에게 신뢰감과 충성도를 제공한다. 고객은 자신이 선호하는 브랜드에서 제품을 구매하려는 경향이 있으며, 이러한 경향은 반복 구매를 유도하여 매출을 높인다.

무엇보다 차별화된 아이덴티티는 다른 기업과 구별되며, 경쟁우위에 설 수 있게 해 준다. 독특한 로고, 슬로건, 광고 캠페인 등은 소비자에게 강한 인상을 주며, 기억에 남도록 하여 시장 점유율을 상승하게 한다. 성공적인 브랜드 마케팅은 시장 점유율을 높이는 데 기여하고, 신규고객을 유치하거나 기존 고객들의 재구매율을 높여 매출 증대를 이끌어 낸다. 그리고 이로 인한 글로벌 시장의 확장으로 기회를 모색할 수 있다.

브랜드 마케팅은 제품이나 서비스를 소비자에게 인식시키고 경쟁자와 차별하기 위해 광고 및 홍보 활동을 통해 지속적으로 관리하는 활동이다. 이를 위해서는 충분한 시장조사를 통하여 상품을 계획하고 판매를 촉진하여 다양한 마케팅 전략을 활용해야 한다. 최근에는 SNS나 인플루언서 마케팅을 통한 브랜딩도 활발하게 이루어지고 있다.

브랜드 마케팅은 기업이 시장에서 경쟁력을 유지하고 성장하기 위한 중요한 전략 중 하나이다. 기업은 자신의 브랜드를 소비자에게 어떻게 인식시킬지 고민하고 그에 따른 적절한 전략을 수립하여 실행한다. 어떤 브랜드는 고품질과 신뢰성으로 유명하며, 또 어떤 브랜드는 혁신적인 기술과 디자인으로 유명하다. 이러한 브랜드의 특징은 소비자들이 제품을 선택할 때 중요한 영향력을 미친다. 기업들은 자사의 브랜드가 가지고 있는 장점 및 차별화 전략을 강조하고 소비자들의 요구사항에 부합하는 제품 및 서비스로 지속적인 성장을 추구해야 한다.

브랜드 마케팅은 기술 발전, 소비자 행동의 변화, 사회적 트렌드 등에 따라 지속적으로 진화할 것이다. 이러한 변화는 기업이 브랜드 마케팅 전략을 어떻게 세우고 실행하느냐에 큰 영향을 미치며, 미래의 브랜드 마케팅은 주요 흐름에 따라 전개될 것으로 예상된다.

브랜드 마케팅의 미래는 기술 발전과 소비자 기대 변화에 따라 점점 더 정교해지고, 개인화된 방향으로 나아갈 것이다. 지속 가능성과 사회적 책임, 데이터 투명성 같은 요소가 중요해지는 동시에, 소비자와의 진정성 있는 관계 구축과 독창적인 경험 제공이 브랜드 성공의 핵심이 될 것이다.

브랜드 이미지로 정체성을 통하여 브랜드에 관한 폭넓은 이해와 융합적인 사고를 확장하고 창의성으로 유사성 및 차이점을 발견하여 연관성을 찾아 융합하는 능력을 키우는 것이 필요하다. 단순히 제품을 판매하는 것을 넘어, 기업이 사회와 환경에 긍정적인 영향을 미치는 방식으로 운영됨을 의미한다.

브랜드 마케팅의 미래는 기술 발전, AI와 머신러닝의 활용, 지속 가능한 브랜드와 사회적 책임과 같은 중요한 트렌드와 혁신에 의해 크게 영향을 받을 것이다. 이 책에서는 이러한 요소들이 브랜드 마케팅에 어떻게 적용될 수 있는지에 대해 학습한다.

이 책은 브랜드를 전공하는 학생들과 색다른 관점에서 새로운 관계성을 찾아 창의성으로 미래지향적인 사고력을 키우는 데 지침서가 되길 바란다. 각 챕터마다 CASE STUDY 사례로 이해하고 Work Sheet를 작성하여 브랜딩의 중요성을 학습하는 데 도움이 되고자 이 책을 편찬한다.

2025. 2. 20.
최은지, 최정선

차례

CHAPTER 01

브랜드 마케팅의 개요

CHAPTER 02

브랜드 전략 수집

B R A N D   M A R K E T I N G

CHAPTER

01

브랜드 마케팅의 개요

브랜드와 마케팅은 기업의 성공과 지속 가능성에 핵심적인 요소이다. 강력한 브랜드는 소비자 신뢰를 구축하고, 시장에서의 경쟁 우위를 확보하며, 프리미엄 가격 책정과 고객 충성도를 가능하게 한다.

마케팅은 소비자의 욕구를 파악하고, 효과적인 타겟팅과 브랜드 이미지 구축, 판매 촉진, 고객 관계 관리를 통해 기업의 성장을 도모한다.

브랜드와 마케팅 요소의 중요성을 이해하고 적절히 활용하는 것은 기업이 경쟁력 있는 시장에서 지속적으로 성공을 거두는 데 필수적이다.

브랜드 마케팅의 개요

브랜드 마케팅은 기술 발전 및 소비자의 기대 변화에 따라서 점점 더 정교해지고, 개인화된 방향으로 나아갈 것이다. 지속 가능성과 사회적 책임, 데이터 투명성 같은 요소가 중요해지는 동시에, 소비자와의 진정성 있는 관계 구축과 독창적인 경험 제공이 브랜드 성공의 핵심이 될 것이다.

1 브랜드의 정의

브랜드는 단순히 제품이나 서비스의 이름을 의미하지 않는다. 브랜드는 소비자에게 특정 제품이나 서비스를 연상시키는 모든 요소를 포함하는 개념이다. 이는 이름, 로고, 슬로건, 디자인, 색상, 소리 등 다양한 요소가 결합되어 특정한 이미지를 형성하는 것이다. 이러한 이미지는 소비자의 마음속에 자리 잡아 브랜드에 대한 기대와 신뢰를 형성한다.

• David A. Aaker[1]

데이비드 아커(David A. Aaker)는 브랜드 관리 분야에서 선구적인 학자이다. 그의 저서 "Building Strong Brands"에서 아커는 브랜드를 "소비자가 특정 제품이나 서비스에 대해 가지고 있는 연상과 이미지의 집합체"로 정의한다. 아커는 브랜드 아이덴티티와 브랜드 자산의 중요성을 강조하며, 브랜드를 구축하고 유지하기 위한 체계적인 접근 방식을 제시한다.

• Kevin Lane Keller[2]

케빈 레인 켈러(Kevin Lane Keller)는 마케팅과 브랜드 관리 분야에서 권위 있는 학자이다. 그의 저서 "Strategic Brand Management"에서 켈러는 브랜드를 "제품이나 서비스와 관련된, 소비자의 마음속에 자리 잡은 모든 연상과 감정"으로 정의한다. 켈러는 브랜드 자산을 측정하기 위한 CBBE(Customer-Based Brand Equity) 모델을 개발하여, 브랜드가 소비자에게 어떻게 인식되는지 분석한다.

• Philip Kotler[3]

필립 코틀러(Philip Kotler)는 현대 마케팅의 아버지로 불리며, 그의 저서 "Marketing Management"에서 브랜드를 "소비자가 제품이나 서비스를 식별하고 차별화하는 데 사용되는 이름, 용어, 디자인, 상징 또는 기타 특징의 조합"으로 정의한다. 코틀러는 브랜드가 단순한 제품을 넘어, 소비자에게 약속을 전달하고, 신뢰를 구축하는 중요한 역할을 한다고 강조한다.

---

1 Aaker, D. A. (1996). *Building Strong Brands*. New York: Free Press.
2 Keller, K. L. (2008). *Strategic Brand Management: Building, Measuring, and Managing Brand Equity*. Pearson.
3 Kotler, P. (2017). *Marketing Management* (15th ed.). Pearson.

2 브랜드 마케팅의 중요성

브랜드 마케팅은 기업이나 제품의 이미지와 가치를 형성하는데 중요한 역할을 한다. 효과적인 브랜드 마케팅 전략은 시장에서 경쟁 우위를 확보하고 고객을 유치하는데 도움을 준다.

강력한 브랜드는 고객에게 신뢰감과 충성도를 제공한다. 고객은 자신이 선호하는 브랜드에서 제품을 구매하려는 경향이 있으며, 이러한 경향은 반복 구매를 유도하여 매출을 높인다.

무엇보다 차별화된 아이덴티티는 다른 기업과 구별되며, 경쟁우위에 설 수 있게 해 준다. 독특한 로고, 슬로건, 광고 캠페인 등은 소비자에게 강한 인상을 주며, 기억에 남도록 하여 시장 점유율을 상승하게 한다. 성공적인 브랜드 마케팅은 시장 점유율을 높이는데 기여한다. 신규고객을 유치하거나 기존 고객들의 재구매율을 높여 매출 증대를 이끌어 낸다. 이로 인한 글로벌 시장의 확장으로 기회를 모색할 수 있다.

미래에는 브랜드 마케팅이 더욱 중요해질 것으로 예상된다.

첫째, 디지털 기술의 발전으로 인공지능(AI, Artificial Intelligence) 및 빅데이터(Big Data)분석 등의 발전은 소비자들의 행동 패턴을 보다 정확하게 파악하고 개인 맞춤형 마케팅을 가능하게 한다. 이를 통해 브랜드는 고객과의 상호작용을 강화하고 더 나은 경험을 제공할 수 있다.

둘째, 지속 가능한 경영과 환경 문제의 인식 증가로 소비자들은 기업의 윤리적 책임과 환경에 미치는 영향을 중요하게 생각한다. 따라서, 기업은 친환경적이고 윤리적인 가치를 제공하는 브랜딩 전략을 채택해야 한다.

셋째, 소셜 미디어와 인플루언서 마케팅의 중요성 증대로 소셜 미디어는 소비자들이 브랜드와 상호작용하는 주요 채널이다. 인플루언서는 소비자들에게 큰 영향력을 미치며, 이들을 활용한 마케팅은 브랜드의 인지도를 높이고 판매를 촉진하는데 효과적이다.

넷째, 가상 현실과 증강 현실 활용 확대로 가상 현실(VR, Virtual Reality) 및 증강 현실(AR, Augmented Reality)의 기술은 새로운 형태의 체험을 제공하며, 브랜드에 대한 관심을 높이는데 도움이 된다.

브랜드 마케팅은 제품이나 서비스를 소비자에게 인식시키고 경쟁자와 차별하기 위해 광고 및 홍보 활동을 통해 지속적으로 관리하는 활동이다. 이를 위해서는 충분한 시장조사를 통하여 상품을 계획하고 판매를 촉진하여 다양한 마케팅 전략을 활용해야 한다. 최근에는 SNS나 인플루언서 마케팅을 통한 브랜딩도 활발하게 이루어지고 있다.

브랜드 마케팅은 기업이 시장에서 경쟁력을 유지하고 성장하기 위한 중요한 전략 중 하나이다. 기업은 자신의 브랜드를 소비자에게 어떻게 인식시킬지 고민하고 그에 따른 적절한 전략을 수립하여 실행한다. 어떤 브랜드는 고품질과 신뢰성으로 유명하며, 또 어떤 브랜드는 혁신적인 기술과 디자인으로 유명하다. 이러한 브랜드의 특징은 소비자들이 제품을 선택할 때 중요한 영향력을 미친다. 기업들은 자사의 브랜드가 가지고 있는 장점 및 차별화 전략을 강조하고 소비자들의 요구사항에 부합하는 제품 및 서비스로 지속적인 성장을 추구해야 한다.

브랜드 이미지로 정체성을 통하여 브랜드에 관한 폭넓은 이해와 융합적인 사고를 확장하고 창의성으로 유사성 및 차이점을 발견하여 연관성을 찾아 융합하는 능력을 키우는 것이 필요하다.

브랜드 마케팅의 중요성은 기업의 성공과 지속 가능성에 매우 큰 영향을 미친다. 브랜드 마케팅이 중요한 이유를 다양한 측면에서 설명한 내용이다. 브랜드는 단순한 제품이나 서비스를 넘어서 기업의 핵심 자산 중 하나로 간주된다. 브랜드의 중요성은 다양한 측면에서 설명될 수 있다.

브랜드 이미지로 정체성을 통하여 브랜드에 관한 폭넓은 이해와 융합적인 사고를 확장하고 창의성으로 유사성 및 차이점을 발견하여 연관성을 찾아 융합하는 능력을 키우는 것이 필요하다. 이러한 변화는 기업이 브랜드 마케팅 전략을 어떻게 세우고 실행하느냐에 큰 영향을 미치며, 미래의 브랜드 마케팅은 흐름에 따라 전개될 것이다.

③ 브랜드 마케팅의 개요

1) 개인화(Personalization)의 심화

데이터와 인공지능(AI)의 발전으로 브랜드는 소비자에게 더욱 개인화된 경험을 제공할 수 있다. 과거에는 고객 세그먼트별로 메시지를 나눴다면, 앞으로는 개별 소비자의 관심사, 구매 이력, 행동 패턴 등을 바탕으로 맞춤형 콘텐츠와 마케팅을 제공할 수 있다. 소비자는 자신의 취향에 맞춘 제품 추천, 광고, 프로모션 등을 경험하게 될 것이며, 브랜드 충성도를 높이는 데 큰 역할을 할 것이다.

2) 인공지능과 자동화 기술의 활용

인공지능과 머신러닝 기술은 브랜드 마케팅에서 필수 도구로 자리잡을 것이다. 챗봇과 같은 AI 도구는 실시간으로 소비자와 상호작용하며, 고객 서비스나 마케팅 커뮤니케이션을 개선할 수 있다. 또한, 마케팅 자동화 도구는 데이터를 분석해 최적의 시점에 적절한 메시지를 보내는 등 캠페인 관리의 효율성을 극대화할 수 있게 한다.

3) 디지털과 현실의 융합(AR/VR 및 메타버스)

증강현실(AR), 가상현실(VR) 기술, 그리고 메타버스는 브랜드가 소비자와 소통하는 새로운 방식을 제시할 것이다. 예를 들어, AR을 통해 소비자가 가상으로 제품을 체험하거나, VR을 통해 가상 쇼핑 경험을 제공할 수 있다. 메타

버스 공간에서 브랜드는 디지털 아바타, 가상 제품 등으로 소비자에게 독창적이고 몰입감 있는 경험을 제공할 수 있다.

4) 지속 가능성과 윤리적 소비 트렌드

소비자들은 점점 더 브랜드가 환경적, 사회적 책임을 다하는지에 주목하고 있다. 미래의 브랜드 마케팅은 지속 가능성(Sustainability)을 강조하는 방향으로 나아갈 것이다. 친환경 제품, 윤리적 생산 과정, 사회적 공헌을 실천하는 브랜드가 더 큰 호응을 받을 것이다. 이러한 가치 중심의 마케팅은 소비자의 신뢰를 얻고, 장기적인 브랜드 충성도를 형성하는 데 중요해질 것이다.

5) 소셜 미디어와 인플루언서 마케팅의 진화

소셜 미디어는 여전히 브랜드 마케팅의 핵심 채널로 남을 것이며, 특히 마이크로 인플루언서와 나노 인플루언서의 중요성이 커질 것이다. 이들은 소규모지만 충성도 높은 팔로워를 보유하고 있어, 특정 타겟에게 더 진정성 있는 마케팅 메시지를 전달할 수 있다. 또한, 소셜 미디어 플랫폼의 상거래 기능이 강화됨에 따라 소비자가 콘텐츠를 보고 바로 구매할 수 있는 소셜 커머스의 비중도 크게 증가할 것이다.

6) 옴니채널 전략의 강화

미래의 소비자들은 온라인과 오프라인을 넘나드는 구매 경험을 기대할 것이다. 브랜드는 옴니채널 전략을 통해 다양한 접점에서 일관되고 통합된 경험을 제공해야 한다. 소비자는 스마트폰, PC, 오프라인 매장 등 다양한 경로에서 동일한 브랜드 경험을 기대하므로, 각 채널을 유기적으로 연결하는 것이 중요하다. 또한, 매장에서는 디지털 기술을 활용한 무인 결제 시스템이나 인공지능 기반 상품 추천 등의 경험을 제공할 수 있다.

7) 데이터 프라이버시와 투명성

데이터 수집과 사용에 대한 규제가 강화되고, 소비자들의 데이터 프라이버시에 대한 관심이 증가함에 따라, 브랜드는 더 높은 수준의 투명성과 신뢰성을 제공해야 한다. 미래의 브랜드 마케팅은 데이터 보호에 대한 책임을 다하면서도, 소비자에게 가치를 제공하는 방식으로 데이터를 활용하는 것이 중요해질 것이다. 이에 따라, 쿠키 없는 마케팅(cookie-less marketing)이나, 소비자가 직접 데이터를 관리하는 퍼스트 파티 데이터(first-party data)의 활용이 늘어날 것이다.

8) 브랜드 커뮤니티의 중요성 증가

브랜드 커뮤니티는 브랜드와 소비자 간의 강력한 연결 고리가 될 것이다. 소비자는 단순히 제품을 구매하는 것을 넘어, 자신이 속한 커뮤니티와의 정서적 연결을 중요하게 여긴다. 이에 따라, 브랜드는 소비자와의 소통을 통해 충성도 높은 커뮤니티를 구축하고, 소비자 간의 상호작용을 촉진할 수 있는 플랫폼을 제공할 것이다.

9) 경험 중심의 마케팅 강화

소비자는 단순한 제품 소비가 아니라 브랜드와의 경험을 중시하는 방향으로 변화하고 있다. 따라서 브랜드는 소비자에게 단순히 물건을 파는 것을 넘어, 잊을 수 없는 경험을 제공하는 데 집중할 것이다. 이벤트, 팝업 스토어, 브랜드 관련 콘텐츠 등의 경험 마케팅(Experiential Marketing)이 더욱 확대될 것이며, 소비자가 직접 브랜드를 체험하고 공유하는 기회가 늘어날 것이다.

10) 감정 기반의 마케팅과 스토리텔링

감정과 스토리텔링을 기반으로 한 마케팅은 소비자의 공감을 불러일으키며, 깊은 인상을 남길 수 있다. 미래의 마케팅에서는 브랜드가 소비자와 감정적으로 연결될 수 있는 방식으로 소통하는 것이 중요해질 것이다. 이를 위해 브랜드는 감동적이거나 영감을 주는 이야기를 통해 브랜드 정체성을 강화하고, 소비자와의 관계를 더욱 깊이 있는 방식으로 구축할 것이다.

• 소비자 인식과 신뢰

브랜드는 소비자가 특정 제품이나 서비스를 인식하고, 이를 선택하게 만드는 중요한 요소이다. 강력한 브랜드는 소비자에게 일관된 품질과 신뢰를 전달하며, 이는 재구매와 추천으로 이어진다.

- 사례: Apple은 제품의 혁신성과 디자인을 통해 소비자에게 높은 신뢰를 구축하고 있으며, 충성도 높은 고객층을 형성하는 데 기여하고 있다.

• 차별화와 경쟁 우위

브랜드는 시장에서 경쟁 제품과의 차별화를 가능하게 한다. 독특한 브랜드 아이덴티티와 이미지는 소비자가 경쟁 제품보다 특정 브랜드를 선호하게 만든다.

① 차별화

브랜드 마케팅은 기업이 경쟁사와의 차별화를 도모할 수 있게 한다. 시장에는 유사한 제품이나 서비스가 많기 때문에, 소비자들이 특정 브랜드를 선택하게 만드는 요소는 그 브랜드의 독특한 아이덴티티와 이미지이다. 예를 들어, **Apple**은 혁신적인 디자인과 사용자 경험을 통해 다른 전자제품과 차별화되며, 강력한 브랜드 마케팅의 결과이다.

② 경쟁 우위

차별화를 통해 브랜드는 시장에서 경쟁 우위를 확보할 수 있다. 소비자들은 특정 브랜드를 신뢰하고, 이 브랜드를 통해 일관된 품질과 경험을 기대하게 한다. 예를 들어, Nike는 "Just Do It" 캠페인과 함께 스포츠와 도전을 상징하는 브랜드 이미지를 구축하여 경쟁자들보다 유리한 위치를 차지하고 있다.

- 사례: Nike는 "Just Do It" 슬로건과 함께 스포츠와 도전 정신을 상징하는 브랜드 이미지를 구축하여, 경쟁사들과의 차별화를 이루어냈다.

• 프리미엄 가격 책정

강력한 브랜드는 프리미엄 가격을 책정할 수 있는 능력을 부여한다. 소비자들은 브랜드에 대한 신뢰와 만족감을 바탕으로 더 높은 가격을 지불할 의향이 있다.

- 사례: Louis Vuitton은 고급스러운 브랜드 이미지를 통해 프리미엄 가격을 유지하며, 고급스런 이미지를 확보하고 있다.

• 고객 충성도와 재구매

브랜드는 고객 충성도를 높이고, 재구매로 이어진다. 브랜드에 대한 긍정적인 경험은 소비자가 지속적으로 그 브랜드를 선택하게 만든다.

- 사례: Starbucks는 일관된 브랜드 경험과 높은 품질의 제품을 제공하여, 고객 충성도를 높이고 있다.

• 시장 진입 장벽과 법적 보호

강력한 브랜드는 새로운 경쟁자의 시장 진입을 어렵게 만든다. 또한, 상표 등록을 통해 법적으로 보호받아 브랜드의 가치를 지킬 수 있다.

- 사례: Coca-Cola는 전 세계적으로 강력한 브랜드 인지도를 가지고 있어, 새로운 음료 브랜드가 시장에 진입하는 것을 어렵게 한다.

4 고객 충성도와 재구매

1) 고객충성도

강력한 브랜드는 고객 충성도를 형성하는 데 중요한 역할을 한다. 브랜드 마케팅은 소비자와의 감정적 연결을 통해 충성도 높은 고객을 확보하고, 이들이 브랜드에 지속적으로 충성하게 만든다. 예를 들어, Starbucks는 일관된 브랜드 경험과 높은 품질의 제품을 제공하여 고객 충성도를 높이고 있다.

2) 재구매

고객 충성도는 재구매로 이어진다. 충성도 높은 고객은 브랜드에 대한 신뢰와 만족감을 바탕으로 반복 구매를 하게 된다. 기업의 안정적인 매출을 보장하며, 장기적인 성장에 기여한다. 예를 들어, Toyota는 품질과 신뢰성을 강조한 브랜드 마케팅을 통해 높은 재구매율을 자랑한다.

3) 프리미엄 가격 책정

• 프리미엄 가격

브랜드 마케팅은 제품이나 서비스에 프리미엄 가격을 책정할 수 있게 한다. 강력한 브랜드는 소비자에게 더 높은 가치를 제공하며, 가격에 민감하지 않은 소비자를 끌어들인다. 예를 들어, Louis Vuitton은 고급스러운 브랜드 이미지를 통해 프리미엄 가격을 설정하고, 이를 통해 높은 수익을 창출한다.

4) 수익성 향상

프리미엄 가격을 책정할 수 있는 능력은 기업의 수익성을 향상시키는 중요한 요소이다. 마케팅 비용을 상쇄하고, 추가적인 이익을 창출하는 데 기여한다. 예를 들어, Apple의 제품은 고가의 프리미엄 제품으로서 높은 마진을 유지하고 있다.

5 시장 진입 장벽과 보호

1) 시장 진입 장벽

강력한 브랜드는 새로운 경쟁자들이 시장에 진입하는 것을 어렵게 만든다. 이미 강력한 브랜드를 보유한 기업은 소비자에게 깊이 뿌리내린 신뢰와 인지도를 가지고 있기 때문에, 새로운 경쟁자가 이를 극복하기가 어렵다. 예를 들어, Coca-Cola[4]는 전 세계적으로 강력한 브랜드 인지도를 가지고 있어 새로운 음료 브랜드가 시장에 진입하는 데 큰 장벽을 형성한다.

2) 브랜드 보호

브랜드 마케팅은 브랜드를 법적으로 보호하는 데 중요한 역할을 한다. 상표 등록과 법적 보호를 통해 브랜드는 무단 사용이나 모방을 방지할 수 있으며, 브랜드의 가치를 지키는 데 중요하다. 예를 들어, Nike는 자사의 스우시 로고와 브랜드명을 상표 등록하여 법적으로 보호하고 있다.

6 마케팅 비용 효율화

1) 마케팅 비용 절감

잘 구축된 브랜드는 마케팅 비용을 절감하는 효과가 있다. 소비자들이 이미 인식하고 신뢰하는 브랜드는 새로운 제품이나 서비스를 도입할 때 큰 마케팅 비용을 들이지 않고도 성공할 수 있다. 예를 들어, Amazon은 자사의 브랜드 인지도 덕분에 새로운 서비스를 출시할 때 큰 비용을 들이지 않고도 빠르게 시장에 안착할 수 있다.

---

4   **Coca-Cola:** Pendergrast, M. (2013). *For god, country, and coca–cola*. Basic Books.

2) 마케팅 효과 극대화

강력한 브랜드는 마케팅 활동의 효과를 극대화한다. 브랜드 마케팅을 통해 소비자들은 더 쉽게 브랜드 메시지를 받아들이고, 긍정적으로 반응하게 된다. 예를 들어, Red Bull은 에너지와 스포츠를 강조한 브랜드 마케팅을 통해 모든 마케팅 활동에서 높은 효과를 얻고 있다.

7 직원 만족도 및 채용

1) 직원 만족도

강력한 브랜드는 직원들의 자부심을 높이고, 이를 통해 높은 직원 만족도를 유지할 수 있다. 브랜드에 대한 자부심은 직원들의 업무 효율성과 만족도를 높이며, 기업의 전반적인 성과에 긍정적인 영향을 미친다.

사례로, Google은 혁신적이고 긍정적인 브랜드 이미지를 통해 직원 만족도를 높이고 있다. 넷플릭스는 "자유와 책임"이라는 원칙을 바탕으로 직원들에게 높은 수준의 자율성을 부여한다. 그들은 유연한 근무 시간과 무제한 휴가 정책을 통해 직원들이 개인의 필요에 맞게 일할 수 있도록 지원한다. 이러한 신뢰 기반의 문화는 직원들의 만족도와 업무 몰입도를 높이는 데 긍정적인 영향을 미치고 있다.

사우스웨스트 항공은 직원 만족도가 고객 서비스에 직접적인 영향을 미친다는 것을 인식하고, 이를 위해 직원들에게 다양한 복지 혜택을 제공한다. 직원들은 건강 보험, 연금, 교육 지원 등의 혜택을 받으며, 정기적으로 직원 피드백을 수집하여 개선점을 찾아낸다. 이러한 접근 방식은 직원들의 행복도와 함께 고객 만족도도 높이는 결과를 가져왔다.

2) 우수한 인재 유치

강력한 브랜드는 우수한 인재를 유치하는 데 도움이 된다. 유능한 인재는 자신의 경력을 발전시킬 수 있는 브랜드와 함께 일하고자 하며, 이는 기업의 경쟁력을 높이는 데 기여한다. 예를 들어, Tesla는 혁신적인 브랜드 이미지 덕분에 전 세계에서 우수한 인재들을 유치하고 있다.

8 글로벌 확장 및 협력 기회

1) 글로벌 확장

강력한 브랜드는 글로벌 시장으로의 확장을 용이하게 만든다. 이미 인지도를 가지고 있는 브랜드는 새로운 시장에 진입할 때 소비자들의 신뢰를 쉽게 얻을 수 있다. 예를 들어, McDonald's는 전 세계적으로 강력한 브랜드를 바탕으로 글로벌 시장에서 성공을 거두고 있다.

2) 협력 기회

강력한 브랜드는 다른 기업과의 협력 기회를 확대한다. 브랜드는 파트너십과 협업을 통해 새로운 사업 기회를 창출하고, 상호 이익을 얻을 수 있는 기회를 제공한다. 예를 들어, Microsoft는 다양한 산업에서 협력 파트너를 쉽게 구할 수 있으며, 사업 확장에 큰 도움이 된다.

항목	Sales (판매)	Marketing (마케팅)	Branding (브랜딩)
목적	제품/서비스 판매로 매출 창출	고객의 관심과 수요 창출	브랜드 인식 강화 및 충성도 구축
활동	고객과의 직접 판매 및 협상	시장 조사, 광고, 프로모션, 유통 관리	브랜드 아이덴티티, 메시지 개발, 경험 관리
초점	단기적인 매출 목표	중기적인 시장 점유율과 고객 만족도	장기적인 브랜드 가치와 충성도
예시	판매원과의 상담 및 구매	광고 캠페인, 이벤트 마케팅	브랜드 로고 디자인, 브랜드 스토리텔링

9 브랜드 구성

• 이름(Name)

브랜드 이름은 제품이나 서비스를 식별하고 구별하는 가장 기본적인 요소이다. 좋은 브랜드 이름은 기억하기 쉽고 발음하기 쉬우며, 브랜드의 본질을 잘 전달할 수 있어야 한다. 예를 들어, "Nike"는 그리스 신화의 승리의 여신 '니케'에서 유래되었으며, 운동과 승리의 이미지를 연상시킨다.

• 로고(Logo)

로고는 브랜드의 시각적 상징으로, 브랜드를 인식하고 기억하게 만드는 중요한 요소이다. 로고는 단순하면서도 강렬한 인상을 주어야 하며, 브랜드의 핵심 가치를 시각적으로 전달할 수 있어야 한다. 예를 들어, 애플의 로고는 단순한 사과 모양이지만, 혁신적이고 세련된 이미지를 전달한다.

• 슬로건(Slogan)

슬로건은 브랜드의 핵심 메시지를 간결하게 표현하는 문구이다. 슬로건은 소비자에게 브랜드의 가치와 비전을 명확하게 전달하며, 기억에 남을 수 있어야 한다. 예를 들어, "Just Do It"은 나이키의 도전 정신과 열정을 잘 담고 있다.

• 색상(Color)

색상은 브랜드의 성공에 큰 영향을 미칠 수 있다. 적절한 색상 전략을 통해 고객의 감정을 자극하고, 브랜드와의 연결을 강화하며, 경쟁사와 차별화할 수 있다. 색상은 브랜드의 첫인상을 결정하고, 소비자에게 특정 감정이나 메시지를 전달하는 강력한 도구이다. 색상 선택은 브랜드의 아이덴티티를 강화하고, 소비자와의 연결을 깊게 하며, 궁극적으로 구매 결정에도 영향을 미친다.

브랜드의 핵심 타겟층이 누구인지에 따라 색상 선택이 달라질 수 있다. 젊은 소비자들을 타겟으로 하는 브랜드는 밝고 생동감 있는 색상을 선택할 수 있으며, 고급 소비자를 타겟으로 하는 브랜드는 검정, 금색, 은색과 같은 고급 스러운 색상을 사용할 수 있다. 브랜드의 핵심 타겟층이 누구인지에 따라 색상 선택이 달라질 수 있다. 브랜드 색상은 브랜드 아이덴티티를 형성하는 중요한 요소 중 하나이다. 색상은 감정을 불러일으키고, 특정한 이미지를 형성하는 데 도움을 준다. 예를 들어, 코카콜라의 빨간색은 열정과 에너지를 상징하며, 브랜드의 활기찬 이미지를 전달한다.

• 디자인(Design)

디자인(Design)은 제품, 서비스, 브랜드의 전반적인 경험을 형성하는 중요한 요소로, 창업 마케팅에서도 핵심적인 역할을 한다. 브랜드의 얼굴과 같은 역할을 하며, 첫인상을 형성하는 가장 중요한 시각적 요소이다. 로고 디자인은 브랜드의 핵심 가치를 반영해야 하며, 고객이 쉽게 인식하고 기억할 수 있도록 간결하면서도 고유한 형태로 만들어져야 한다. 좋은 디자인은 단순히 미적인 요소를 넘어 고객과의 상호작용, 브랜드 신뢰성, 사용 편의성에까지 영향을 미쳐 성공적인 사업의 기반을 다지는 역할을 한다. 디자인의 핵심 요소와 그 중요성을 이해하고, 전략적으로 활용하는 것이 성공을 이끌어낼 수 있다. 디자인은 브랜드 구축과 소비자 경험 형성의 핵심 요소이다. 브랜드 정체성, 사용 편의성, 감성적 연결을 고려한 디자인 전략을 통해 소비자와 깊은 유대감을 형성하고, 경쟁 시장에서 차별화된 브랜드로 자리 잡을 수 있다. 제품 디자인, 패키지 디자인, 매장 디자인 등 다양한 디자인 요소는 브랜드의 시각적 아이덴티티를 강화한다. 디자인은 브랜드의 가치를 시각적으로 표현하고, 소비자 경험을 향상시키는 역할을 한다. 예를 들어, 애플의 제품 디자인은 단순함과 세련됨을 강조하여 브랜드의 혁신적인 이미지를 강화한다.

• 소리(Sound)

소리(Sound)는 브랜드 경험에서 점점 더 중요한 요소로 자리 잡고 있다. 특히 디지털 시대에는 브랜드의 감성적 연결과 기억에 남는 경험을 창출하는 데 있어 소리가 큰 역할을 한다. 소리는 브랜드 정체성을 강화하고, 소비자와의 감정적 유대감을 형성하며, 제품 및 서비스와의 상호작용에서 중요한 역할을 할 수 있다. 청각적 브랜드 아이덴티티는 브랜드의 시그니처 요소 중 하나로, 시각적 요소와 함께 브랜드 인지도를 높이는 데 중요한 역할을 한다. 브랜드의 테마 음악, 사운드 로고(짧은 소리 또는 멜로디) 등은 소비자가 브랜드를 쉽게 인식하고 기억할 수 있도록 돕는다. 브랜드 소리는 소비자에게 청각적으로 브랜드를 인식하게 한다. 사운드 로고, 광고 음악, 제품 소리 등은 브랜드의 아이덴티티를 강화하는 요소로 작용한다. 예를 들어, 인텔의 짧은 멜로디나 넷플릭스의 시작음은 소비자가 소리만 들어도 즉시 브랜드를 떠올릴 수 있는 대표적인 사운드 로고로 기술적이고 미래지향적인 이미지를 전달한다.

• 경험(Experience)

경험(Experience)은 브랜드와 소비자가 상호작용하는 모든 접점에서 형성되는 감정적, 기능적 요소들의 총합으로, 소비자의 브랜드에 대한 인식을 형성하고 장기적인 충성도를 이끌어내는 중요한 요소이다. 오늘날의 경쟁적인 시장에서 브랜드가 성공하기 위해서는 소비자에게 독특하고 일관된 경험을 제공하는 것이 필수적이다. 브랜드 경험은 소비자가 브랜드와 상호작용할 때 느끼는 모든 감정적, 감각적, 인지적, 행동적 반응을 의미한다. 제품 구매 과정에서의 경험뿐만 아니라, 광고, 소셜 미디어, 고객 서비스 등에서의 상호작용을 포함한다. 브랜드는 소비자에게 제공하는 전체 경험을 통해 정의된다. 이는 제품이나 서비스의 품질, 고객 서비스, 구매 과정 등 모든 접점에서 발생한다. 브랜드 경험은 소비자가 브랜드에 대해 가지는 감정과 인식을 형성하는 중요한 요소이다. 브랜드 경험은 오늘날 마케팅의 핵심 요소로 소비자가 브랜드와 상호작용하는 모든 순간에 중요하다. 일관되고 긍정적인 경험을 제공하는 브랜드는 고객의 충성도를 높이고, 장기적인 성공을 거둘 수 있다. 디지털과 오프라인 경험, 감각적 요소, 개인화된 상호작용을 결합하여 소비자에게 잊을 수 없는 경험을 제공하는 것이 현대에서 중요한 전략이다. 예를 들어, 스타벅스는 매장 내의 편안한 분위기와 일관된 서비스 품질을 통해 브랜드 경험을 강화한다.

🔟 브랜드의 기능

• 식별 기능

브랜드는 제품이나 서비스를 식별하고, 경쟁 제품과 구별하는 기능을 말한다. 이를 통해 소비자는 다양한 선택지 중에서 특정 브랜드를 쉽게 인식하고 선택할 수 있다. 예를 들어, 자동차 시장에서 "BMW" 브랜드는 고급차와 스포츠카를 연상시킨다.

• 품질 보증 기능

브랜드는 제품이나 서비스의 품질을 보증하는 역할을 한다. 소비자는 특정 브랜드에 대한 신뢰를 바탕으로 구매 결정을 내리며, 브랜드는 일관된 품질을 제공함으로써 소비자의 신뢰를 유지한다. 예를 들어, "Sony" 브랜드는 고품질 전자제품을 연상시킨다.

• 심리적 만족 기능

브랜드는 소비자에게 심리적 만족감을 제공한다. 소비자는 브랜드를 통해 자신의 정체성을 표현하고, 특정 브랜드를 소유함으로써 자부심과 만족감을 느낀다. 예를 들어, "Rolex" 시계를 소유하는 것은 고급스러움과 성공을 상징한다.

• 법적 보호 기능

브랜드는 법적 보호를 받을 수 있는 자산이다. 브랜드는 상표 등록을 통해 법적으로 보호받으며, 브랜드의 가치를 지키고, 무단 사용을 방지하는 데 중요한 역할을 한다. 예를 들어, "Coca-Cola" 브랜드는 전 세계적으로 상표 등록이 되어 있어 법적으로 보호받고 있다.

11 브랜드의 유형

• 제품 브랜드(Product Brand)

제품 브랜드는 특정 제품이나 제품군을 나타내는 브랜드이다. 소비자가 특정 제품을 인식하고 선택하게 만드는 중요한 요소이다. 예를 들어, "iPhone"은 애플의 스마트폰 브랜드로, 혁신적이고 고급스러운 이미지를 가지고 있다.

• 기업 브랜드(Corporate Brand)

기업 브랜드는 전체 기업을 대표하는 브랜드이다. 기업의 가치와 비전을 소비자에게 전달하며, 기업 전체의 신뢰성과 평판을 형성한다. 예를 들어, "Google"은 검색 엔진을 넘어 다양한 기술과 서비스를 제공하는 기업 브랜드이다.

• 개인 브랜드(Personal Brand)

개인 브랜드는 개인이 자신의 이름을 브랜드화 한 것이다. 개인의 전문성과 인지도를 높이는 데 중요한 역할을 한다. 예를 들어, "Oprah Winfrey"는 미디어와 엔터테인먼트 분야에서 강력한 개인 브랜드를 형성하였다.

• 서비스 브랜드(Service Brand)

서비스 브랜드는 특정 서비스나 서비스 제공자를 나타내는 브랜드이다. 서비스의 품질과 고객 경험을 통해 브랜드 가치를 형성한다. 예를 들어, "Uber"는 택시 서비스를 제공하는 브랜드로, 편리함과 접근성을 강조하고 있다.

12 브랜드의 가치

• 재무적 가치

브랜드는 기업의 중요한 자산으로, 재무적 가치를 가지고 있다. 강력한 브랜드는 시장에서 높은 가치를 인정받아 기업의 주가와 수익성에 긍정적인 영향을 미친다. 예를 들어, "Apple"의 브랜드 가치는 수조 달러에 이르며, 기업의 재무적 성과에 큰 기여를 한다.

• 감정적 가치

브랜드는 소비자에게 감정적 가치를 제공한다. 브랜드는 소비자의 감정과 연결되어, 특정한 경험과 기억을 불러일으킨다. 예를 들어, "Disney"는 가족과 함께하는 즐거운 경험과 동심을 연상시킨다.

• 사회적 가치

브랜드는 사회적 가치를 형성한다. 브랜드가 사회적 책임을 다하고, 긍정적인 사회적 영향을 미치기 위해 노력하는 것을 의미한다. 예를 들어, "Patagonia"는 환경 보호와 지속 가능한 경영을 강조하며, 사회적 책임을 다하는 브랜드로 인정받고 있다.

CASE STUDY

- 마뗑킴(Matin Kim[5], 한국): 마뗑킴은 패션 업계에서 떠오르는 신생 브랜드로, 독창적인 디자인과 마케팅을 통해 한국뿐만 아니라 글로벌 시장에서도 주목받고 있다. 소셜 미디어를 적극 활용한 브랜딩 전략이 인상적이다.

- **브랜드 역사**

마뗑킴(Matin Kim)은 2018년 한국에서 탄생한 패션 브랜드로, 빠르게 떠오르는 신생 브랜드 중 하나이다. 디자이너 김다인에 의해 설립된 이 브랜드는 이름 자체가 'Matin(아침)'과 'Kim(김다인의 성)'을 결합하여, 새로운 시작과 혁신을 상징한다. 마뗑킴은 컨템포러리 패션과 독창적인 디자인을 기반으로 한국은 물론, 글로벌 시장에서 주목받고 있으며, 그들이 전개하는 세련된 미니멀리

---

5 **Matin Kim:** 박수호. (2023). [영업이익 강소기업 (62) 마뗑킴] 30만 원으로 시작해 500억 (이익률 20%) 매출 신화. 매경이코노미, 60-61.

즘과 개성 넘치는 스타일이 MZ세대 소비자들 사이에서 인기를 끌고 있다.

• 마케팅 성공의 배경

마뗑킴의 성공은 소셜 미디어 마케팅과 트렌드 반영에 있다. 브랜드는 젊은 세대를 겨냥한 소셜 미디어 중심의 브랜딩 전략을 효과적으로 활용하여, 특히 인스타그램과 같은 플랫폼에서 브랜드 인지도를 빠르게 높였다.

① **소셜 미디어 브랜딩**: 마뗑킴은 인스타그램을 중심으로 브랜드를 알리기 시작했다. 화려하고 세련된 비주얼 콘텐츠를 적극 활용하며, 팔로워들과의 소통을 통해 브랜드 아이덴티티를 구축했다. 특히 패션 인플루언서와 협업하여 자연스럽게 브랜드 노출을 확대하였고, 사용자 생성 콘텐츠(UGC)를 활용한 마케팅 전략으로 더욱 빠르게 성장할 수 있었다.

② **트렌드와의 조화**: 마뗑킴은 글로벌 패션 트렌드를 민감하게 반영하면서도, 브랜드 고유의 미니멀리즘과 젠더 뉴트럴 디자인 철학을 유지했다. 이로 인해 마뗑킴의 제품은 패션 트렌드를 따르면서도 개성 있는 스타일을 추구하는 젊은 소비자들에게 큰 인기를 얻었다.

③ **한정판 제품과 협업**: 마뗑킴은 정기적으로 한정판 제품을 출시하며, 소비자들의 희소성에 대한 욕구를 자극했다. 또한, 다양한 패션 아이템이나 유명 브랜드와의 협업을 통해 새로운 디자인과 제품을 선보이며, 끊임없이 브랜드의 신선함을 유지하고 있다.

• 브랜드의 특별한 점

마뗑킴의 가장 큰 특징은 젠더 뉴트럴 디자인 철학과 합리적인 가격대에 있다. 패션 브랜드 중에서는 드물게 성별에 구애받지 않는 디자인을 추구하며, 이는 더욱 폭넓은 소비자층을 끌어모으는 데 기여했다. 또한, 고품질의 소재와 세련된 디자인을 제공하면서도 가격대를 상대적으로 낮게 유지하여 접근성을 높였다.

특히, 마뗑킴은 미니멀한 디자인과 자유로운 스타일링을 강조해, 다양한 패션 아이템과 쉽게 매치할 수 있는 제품을 제공한다. 이는 소비자들이 일상에서 활용하기 좋은 실용적인 패션을 찾는 경향과 맞아떨어져, 브랜드의 충성도를 높이는 요소로 작용했다.

마뗑킴은 소셜 미디어를 적극 활용한 효과적인 마케팅 전략과 독창적인 디자인을 통해 빠르게 성장한 패션 브랜드이다. 젠더 뉴트럴한 디자인과 합리적인 가격을 바탕으로 MZ세대의 마음을 사로잡았으며, 꾸준한 트렌드 반영과 소셜 미디어 기반의 소통을 통해 글로벌 시장에서도 주목받고 있다. 앞으로도 마뗑킴은 독창적인 스타일과 혁신적인 마케팅 전략으로 더욱 성장할 가능성이 크다.

Work Sheet - 01

교과목:

학번:

이름:

브랜드 마케팅의 개요에 대해 작성하시오.

1. 브랜드의 정의?

2. 브랜드 마케팅의 중요성?

3. 브랜드의 가치?

CHAPTER

02

브랜드 전략 수립

브랜드 전략은 브랜드의 비전과 미션을 정의하고, 목표를 설정하며, 경쟁 환경을 분석하는 과정이다.

브랜드가 나아갈 방향을 결정하고, 장기적인 계획을 수립하는 데 중요한 역할을 한다.

브랜드 경쟁 분석과 시장 세분화는 효과적인 마케팅 전략을 수립하기 위한 핵심적인 과정이다. 이 장에서는 경쟁 분석과 시장 세분화의 중요성, 방법론, 그리고 이를 통해 얻을 수 있는 이점에 대해 다룬다.

CHAPTER

02

브랜드 전략 수립

1 브랜드 전략

브랜드 전략은 브랜드의 비전과 미션을 정의하고, 목표를 설정하며, 경쟁 환경을 분석하는 과정이다. 브랜드가 나아갈 방향을 결정하고, 장기적인 계획을 수립하는 데 중요한 역할을 한다.

1) 브랜드 아이덴티티 개발

브랜드 아이덴티티는 브랜드의 시각적, 청각적, 경험적 요소를 정의하는 과정이다. 로고, 색상, 슬로건, 디자인 등을 포함하며, 브랜드의 핵심 가치를 시각적으로 표현한다.

2) 브랜드 커뮤니케이션

브랜드 커뮤니케이션은 소비자에게 브랜드 메시지를 전달하는 과정이다. 광고, PR, 소셜 미디어 등을 통해 이루어지며, 브랜드의 인지도를 높이고, 긍정적인 이미지를 형성하는 데 기여한다.

3) 브랜드 경험 관리

브랜드 경험 관리는 소비자가 브랜드와 상호작용하는 모든 접점에서 일관된 경험을 제공하는 과정이다. 제품 품질, 고객 서비스, 매장 환경 등을 포함하며, 소비자의 만족도를 높이는 데 중요하다.

4) 브랜드 평가와 관리

브랜드 평가와 관리는 브랜드의 성과를 측정하고, 지속적으로 개선하는 과정이다. 브랜드 인지 조사, 고객 피드백, 시장 분석 등을 통해 이루어지며, 브랜드의 장기적인 성공을 보장하는 데 중요하다.

2 브랜드 비전과 미션 설정

1) 브랜드 비전(Brand Vision)

브랜드 비전은 브랜드가 장기적으로 달성하고자 하는 목표와 꿈을 나타내며, 기업의 방향성을 제시하는 중요한 요소이다. 브랜드 비전은 브랜드의 미래 상태를 묘사하며, 조직의 모든 구성원이 공감하고 따라야 할 명확한 목표를 제공한다. 내부적으로 직원들에게 영감을 주고 동기부여를 제공하며, 외부적으로는 소비자와 이해관계자에게 브랜드의 목적과 목표를 명확히 전달한다.

2) 브랜드 비전의 중요성

(1) **미래 지향성**: 브랜드 비전은 브랜드가 미래에 도달하고자 하는 상태를 제시한다. 조직 구성원들에게 일관된 목표를 제공하고, 장기적인 계획 수립의 기준이 된다.

(2) **동기부여**: 명확하고 도전적인 비전은 직원들에게 동기부여를 제공하며, 조직 내에서 높은 수준의 헌신과 열정을 유도한다.

(3) 외부 커뮤니케이션: 비전은 소비자와 이해관계자에게 브랜드의 장기적인 목표를 전달하여 신뢰를 구축하고, 브랜드의 가치를 명확히 한다.

3) 브랜드 비전의 특징

(1) **명확하고 간결함**: 브랜드 비전은 명확하고 간결하게 표현되어야 하며, 조직 내외부에서 쉽게 이해되고 기억될 수 있어야 한다.

(2) **도전적이면서도 현실적**: 비전은 도전적이어야 하지만, 동시에 현실적이어야 한다. 비현실적인 비전은 구성원들의 공감을 얻기 어렵다.

(3) **영감을 주는 내용**: 비전은 구성원들에게 영감을 주고, 일상적인 업무에 의미를 부여할 수 있어야 한다.

4) 브랜드 비전 수립 과정

(1) **내부 및 외부 환경 분석**: 기업의 강점, 약점, 기회, 위협(SWOT)을 분석하여 현실적이고 도전적인 비전을 수립한다.

(2) **이해관계자 의견 수렴**: 직원, 고객, 파트너 등의 의견을 반영하여 포괄적이고 동기부여를 제공하는 비전을 설정한다.

(3) **명확한 표현**: 비전은 명확하고 간결하게 표현되어야 하며, 모든 이해관계자가 쉽게 이해할 수 있어야 한다.

(4) **일관된 커뮤니케이션**: 비전은 기업 내외부에 일관되게 전달되어야 하며, 모든 경영 활동에 반영되어야 한다.

5) 브랜드 미션(Brand Mission)

브랜드 미션은 브랜드가 현재 어떤 활동을 통해 비전을 실현할 것인지에 대한 구체적인 설명이다. 브랜드의 핵심 가치와 목적을 반영하며, 일상적인 운영과 전략적 의사결정에 지침을 제공한다. 브랜드 미션은 실천 가능한 목표와 행동 지침을 포함하여 조직 구성원과 소비자에게 브랜드의 역할을 명확히 전달한다.

6) 브랜드 미션의 중요성

(1) **실천 가능성**: 미션은 구체적이고 실천 가능한 목표를 포함해야 한다. 기업의 일상적인 활동과 긴밀하게 연계되어야 한다.

(2) **핵심 가치 반영**: 미션은 브랜드의 핵심 가치를 반영해야 한다. 기업이 중요하게 여기는 철학과 원칙을 포함한다.

(3) **포괄적 표현**: 미션은 기업의 다양한 활동을 포괄할 수 있도록 폭넓게 표현되어야 한다.

7) 브랜드 미션의 특징

(1) **구체적이고 명확함**: 브랜드 미션은 구체적이고 명확해야 하며, 기업의 목표와 행동 지침을 명확히 전달할 수 있어야 한다.

(2) **지속 가능성**: 미션은 장기적으로 유지될 수 있어야 하며, 기업의 성장과 변화에 따라 유연하게 조정될 수 있어야 한다.

(3) **내부 및 외부 커뮤니케이션**: 미션은 조직 내부의 모든 구성원이 공감하고 따를 수 있어야 하며, 외부적으로는 소비자와 이해관계자에게 신뢰를 줄 수 있어야 한다.

8) 브랜드 미션 수립 과정

(1) **기업의 핵심 가치 정의**: 기업의 철학과 원칙을 바탕으로 브랜드의 핵심 가치를 정의한다.

(2) **구체적인 목표 설정**: 실천 가능한 구체적인 목표를 설정한다. 기업의 일상적인 활동과 연계되어야 한다.

(3) **명확한 표현**: 미션은 구체적이고 명확하게 표현되어야 하며, 모든 구성원이 이해하고 공감할 수 있어야 한다.

(4) **일관된 커뮤니케이션**: 미션은 기업 내외부에 일관되게 전달되어야 하며, 모든 경영 활동에 반영되어야 한다.

❸ 브랜드 비전과 미션의 통합

1) 비전과 미션의 일관성

브랜드 비전과 미션은 서로 일관성을 가져야 한다. 비전은 장기적인 목표를 제시하고, 미션은 이를 실현하기 위한 구체적인 방법을 제시한다. 따라서 두 요소는 상호 보완적이며, 통합적으로 작동해야 한다.

2) 전략적 일관성 유지

비전과 미션이 일관성을 유지하도록 전략을 수립하는 것이 중요하다. 기업의 모든 활동이 일관된 방향으로 나아갈 수 있도록 보장한다.

3) 조직 내 통합

브랜드 비전과 미션은 조직 내 모든 부서와 구성원에게 통합되어 전달되어야 한다. 모든 구성원이 동일한 목표와 가치를 공유하고, 일관된 방향으로 나아갈 수 있도록 한다.

4) 브랜드 비전과 미션의 커뮤니케이션

(1) 내부 커뮤니케이션

비전과 미션은 조직 내부의 모든 구성원이 이해하고 공감할 수 있도록 명확하게 전달되어야 한다. 정기적인 교육과 훈련, 내부 커뮤니케이션 채널을 통해 이루어질 수 있다.

(2) 외부 커뮤니케이션

비전과 미션은 소비자와 이해관계자에게 명확하게 전달되어야 한다. 마케팅 자료, 웹사이트, 소셜 미디어, 광고 등을 통해 이루어질 수 있다.

(3) 일관된 메시지 전달

비전과 미션을 일관되게 전달하는 것이 중요하다. 모든 커뮤니케이션 채널에서 동일한 메시지를 전달하여 소비자와 이해관계자에게 브랜드의 일관성을 보여줄 수 있어야 한다.

5) 브랜드 비전과 미션의 평가 및 수정

(1) 정기적인 평가

브랜드 비전과 미션은 정기적으로 평가되어야 한다. 현재의 시장 상황과 기업의 성과에 맞추어 비전과 미션이 유효한지 확인하는 과정이다.

(2) 피드백 수렴

직원, 고객, 이해관계자의 피드백을 수렴하여 비전과 미션의 효과성을 평가하고, 필요한 경우 수정할 수 있어야 한다.

(3) 유연한 조정

비전과 미션은 장기적인 목표를 유지하면서도, 필요에 따라 유연하게 조정될 수 있어야 한다. 기업의 성장과 변화에 따라 비전과 미션이 지속 가능하도록 보장한다.

(4) 브랜드 포지셔닝 전략

브랜드 포지셔닝은 시장에서 브랜드가 차지하는 위치를 정의하고, 경쟁사와의 차별화를 도모하는 전략이다. 소비자에게 브랜드의 독특한 가치를 명확히 전달하고, 브랜드의 이미지를 구축하는 데 중요한 역할을 한다. 브랜드 포지셔닝의 개념, 중요성, 전략 수립 과정 및 성공적인 포지셔닝을 위한 주요 요소들을 상세히 다룬다.

4 브랜드 포지셔닝의 개념

브랜드 포지셔닝은 특정 브랜드가 소비자들의 마음속에 자리잡고, 경쟁 브랜드와의 비교에서 어떻게 인식되는지를 정의하는 과정이다. 포지셔닝은 브랜드의 독특한 가치를 강조하여 소비자들에게 차별화된 이미지를 형성하는 데 초점을 맞춘다.

1) 포지셔닝 이론(Positioning Theory)

알 리스(Al Ries)와 잭 트라우트(Jack Trout)는 1981년에 출판된 책 "Positioning: The Battle for Your Mind"에서 포지셔닝 이론을 소개했다. 이 이론은 다음과 같은 주요 개념을 포함한다.

(1) **소비자 인식의 전쟁**: 포지셔닝은 제품이 소비자의 마음속에 자리 잡는 위치를 의미한다. 브랜드는 소비자의 인식 속에서 독특하고 기억에 남는 위치를 차지해야 한다.

(2) **차별화**: 포지셔닝의 핵심은 경쟁사와의 차별화이다. 브랜드는 경쟁사와 명확히 구별되는 요소를 제공해야 한다.

(3) **소비자 중심**: 포지셔닝은 소비자의 관점에서 이루어져야 한다. 브랜드가 소비자에게 어떤 가치를 제공하는지 명확히 이해하고, 이를 강조해야 한다.

2) 가치 기반 포지셔닝(Value-Based Positioning)

가치 기반 포지셔닝은 브랜드가 소비자에게 제공하는 주요 가치를 중심으로 포지셔닝 전략을 수립하는 방법이다. 소비자가 브랜드를 선택하는 이유를 명확히 제시하는 데 중점을 둔다. 가치 기반 포지셔닝은 다음과 같은 요소를 포함한다.

(1) **기능적 가치**: 제품이나 서비스가 제공하는 실질적인 혜택. 예를 들어, 신뢰성, 내구성, 성능 등.

(2) **감정적 가치**: 제품이나 서비스가 소비자에게 제공하는 감정적인 혜택. 예를 들어, 자부심, 안락함, 즐거움 등.

(3) **자기표현적 가치**: 소비자가 브랜드를 통해 자신을 표현하고자 하는 욕구. 예를 들어, 사회적 지위, 스타일, 개성 등.

3) STP 전략

마케팅 전략을 수립하는 데 있어 핵심적인 개념으로 시장 세분화 (Segmentation), 타겟팅(Targeting), 포지셔닝(Positioning)을 의미한다. 이 세 가지 단계는 기업이 특정 시장에서 효과적으로 경쟁하고, 소비자에게 명확한 가치를 전달하는 데 도움을 준다.

STP 이론은 마케팅 전략 수립의 핵심 프레임워크로, 시장을 세분화하고, 타겟 시장을 선정하며, 포지셔닝을 통해 브랜드의 독특한 가치를 전달하는 과정을 포함한다. 이를 통해 기업은 소비자의 요구를 더 잘 충족시키고, 경쟁에서 우위를 점할 수 있다. STP 이론을 이해하고 적용하는 것은 효과적인 마케팅 전략을 수립하는 데 필수적이다.

5 시장 세분화(Segmentation)

시장 세분화는 전체 시장을 다양한 기준에 따라 하위 그룹으로 나누는 과정이다. 이를 통해 기업은 보다 효과적인 타겟 마케팅을 가능하게 하며, 각 세분시장에 맞춘 전략을 수립할 수 있다.

브랜드 경쟁 분석과 시장 세분화는 효과적인 마케팅 전략을 수립하는 데 있어 필수적인 과정이다. 경쟁 분석을 통해 주요 경쟁사의 강점과 약점을 파악하고, 시장 세분화를 통해 각 세분시장에 맞춘 전략을 수립함으로써 기업은 경쟁 우위를 확보하고, 소비자 만족도를 높일 수 있다. 체계적인 경쟁 분석과 시장 세분화 도구를 활용하여 보다 정교한 마케팅 전략을 수립하는 것이 중요하다.

1) 시장 세분화의 중요성

시장 세분화는 다음과 같은 이유로 중요하다.

- **효과적인 자원 배분**: 제한된 마케팅 자원을 가장 효과적으로 사용할 수 있다.
- **소비자 만족도 향상**: 각 세분시장의 특성에 맞춘 제품과 서비스를 제공함으로써 소비자 만족도를 높일 수 있다.
- **경쟁 우위 확보**: 특정 세분시장에서 강력한 위치를 확보하여 경쟁 우위를 점할 수 있다.

2) 시장 세분화 기준

시장 세분화는 다양한 기준에 따라 이루어질 수 있다.

(1) 인구 통계적 변수(Demographic Variables): 연령, 성별, 소득 수준, 교육 수준, 직업 등.

(2) 지리적 변수(Geographic Variables): 지역, 기후, 인구 밀도 등.

(3) 심리적 변수(Psychographic Variables): 라이프스타일, 가치관, 성격 등.

(4) 행동적 변수(Behavioral Variables): 구매 행동, 사용 빈도, 브랜드 충성도, 혜택 등.

3) 시장 세분화 과정

시장 세분화는 다음과 같은 단계로 이루어진다.

(1) 세분화 기준 설정: 인구 통계적 변수(연령, 성별, 소득 등), 지리적 변수(지역, 기후 등), 심리적 변수(라이프스타일, 가치관 등), 행동적 변수(구매 행동, 사용 빈도 등)를 시장을 세분화한다.

(2) 세분시장 분석: 각 세분시장의 규모, 성장 가능성, 접근 가능성, 수익성을 분석한다.

(3) 타겟 시장 선정: 분석 결과를 바탕으로 자사의 목표 시장을 선정한다.

(4) 포지셔닝 및 마케팅 믹스 개발: 선정된 타겟 시장에 맞춘 포지셔닝 전략과 마케팅 믹스(제품, 가격, 유통, 프로모션)를 개발한다.

4) 시장 세분화 도구

시장 세분화를 효과적으로 수행하기 위해 다음과 같은 도구를 사용할 수 있다.

(1) 클러스터 분석(Cluster Analysis): 소비자 데이터를 그룹으로 나누어 유사한 특성을 가진 세분시장을 식별한다.

(2) 페르소나(Persona): 대표적인 고객 유형을 정의하여 각 세분시장의 특성을 이해하고, 맞춤형 마케팅 전략을 수립한다.

(3) 소비자 설문 조사: 설문 조사를 통해 소비자의 요구와 선호도를 파악하여 시장 세분화에 활용한다.

시장 세분화는 전체 시장을 다양한 기준에 따라 하위 그룹으로 나누는 과정이다. 이를 통해 기업은 보다 세밀하게 고객의 욕구를 파악하고, 각 세분시장에 맞춘 마케팅 전략을 수립할 수 있다. 세분화 기준은 다음과 같다.

(1) 인구 통계적 변수

- **연령**: 청소년, 성인, 노년층 등.
- **성별**: 남성, 여성.
- **소득 수준**: 저소득층, 중산층, 고소득층.
- **직업**: 학생, 직장인, 자영업자 등.
- **교육 수준**: 고졸, 대졸, 대학원 졸업 등.

(2) 지리적 변수

- **지역**: 국가, 도시, 지방.
- **기후**: 온대, 열대, 한대 등.
- **인구 밀도**: 도시, 교외, 농촌.

(3) 심리적 변수

- **라이프스타일**: 활동적인 생활, 여가 중심의 생활 등.
- **개인 가치관**: 환경 보호, 사회적 책임 등.
- **사회적 지위**: 상류층, 중산층, 하류층.

(4) 행동적 변수

- **구매 행동**: 충동 구매, 계획 구매.
- **사용 빈도**: 빈번한 사용자, 가끔 사용자.
- **브랜드 충성도**: 충성 고객, 변덕 고객.
- **혜택**: 품질, 가격, 편의성 등.

5) 타겟팅(Targeting)

타겟팅은 세분화된 시장 중에서 특정 세분시장을 선정하여 집중하는 과정이다. 기업이 제한된 자원을 효과적으로 활용하고, 목표 시장에서의 경쟁력을 극대화하는 데 중요하다. 타겟팅 전략에는 다음과 같은 접근법이 있다.

(1) 무차별 마케팅(Undifferentiated Marketing)

무차별 마케팅은 전체 시장을 하나의 단위로 보고, 단일 마케팅 전략을 사용하는 접근법이다. 대량 마케팅에 적합하지만, 개별 소비자의 특수한 요구를 충족시키는 데 한계가 있다.

(2) 차별화 마케팅(Differentiated Marketing)

차별화 마케팅은 여러 세분시장을 타겟으로 삼아, 각 세분시장에 맞춘 마케팅 전략을 사용하는 접근법이다. 개별 소비자의 요구를 더 잘 충족시킬 수 있지만, 마케팅 비용이 증가할 수 있다.

(3) 집중 마케팅(Concentrated Marketing)

집중 마케팅은 특정 세분시장에 집중하여 마케팅 활동을 전개하는 접근법이다. 특정 시장에서 강력한 위치를 차지할 수 있지만, 시장 변동에 대한 위험이 크다.

(4) 마이크로 마케팅(Micromarketing)

마이크로 마케팅은 개별 소비자나 매우 작은 세분시장을 타겟으로 하는 접근법이다. 맞춤형 제품과 서비스를 제공하여 높은 만족도를 얻을 수 있지만, 대규모 적용이 어렵다.

6 포지셔닝(Positioning)

포지셔닝은 타겟 시장 내에서 브랜드가 차지하는 위치를 정의하고, 경쟁사와의 차별화를 도모하는 전략이다. 브랜드가 소비자의 마음속에 자리 잡고, 명확한 이미지를 형성하는 데 중요한 역할을 한다.

1) 포지셔닝의 정의

포지셔닝은 "소비자의 마음속에 특정한 위치를 차지하기 위해 브랜드가 취하는 일련의 전략적 활동"을 의미한다. 브랜드가 제공하는 혜택, 특징, 이미지 등을 통해 소비자들이 브랜드를 어떻게 인식하고 기억하게 할 것인지를 결정하는 과정이다.

2) 포지셔닝의 목표

포지셔닝의 주요 목표는 다음과 같다:

- **차별화**: 경쟁 브랜드와의 차별화를 통해 독특한 위치를 확보한다.
- **인지도 강화**: 소비자들이 브랜드를 쉽게 인식하고 기억할 수 있도록 돕는다.
- **브랜드 가치 전달**: 브랜드가 제공하는 주요 가치를 소비자에게 명확히 전달한다.
- **시장 점유율 확대**: 차별화된 포지셔닝을 통해 목표 시장에서의 점유율을 확대한다.

3) 포지셔닝의 과정

- **소비자 인사이트 분석**: 소비자가 중요하게 생각하는 가치와 요구를 분석한다.
- **경쟁사 분석**: 주요 경쟁사의 포지셔닝과 차별화 요소를 분석한다.
- **차별화 요소 정의**: 브랜드가 제공하는 독특한 가치와 혜택을 명확히 정의한다.
- **포지셔닝 진술 작성**: 목표 고객, 브랜드 카테고리, 차별화 요소, 주요 혜택 등을 포함하는 명확한 문구로 작성한다.

4) 포지셔닝의 유형

- **속성 기반 포지셔닝**: 제품의 주요 속성을 강조하는 방법이다.

  예 자동차의 안전성.
- **혜택 기반 포지셔닝**: 소비자가 제품을 통해 얻을 수 있는 주요 혜택을 강조하는 방법이다.

  예 건강 식품의 건강 개선 효과.
- **사용자 기반 포지셔닝**: 특정 사용자 그룹을 대상으로 포지셔닝하는 방법이다.

  예 스포츠 용품의 운동 선수 대상.
- **경쟁 기반 포지셔닝**: 경쟁사와의 비교를 통해 포지셔닝하는 방법이다.

  예 세탁기의 에너지 효율성을 강조.
- **가격 기반 포지셔닝**: 가격을 중심으로 포지셔닝하는 방법이다.

  예 저가 항공사의 경제성.

7 브랜드 포지셔닝 전략 수립 과정

브랜드 포지셔닝 전략 수립은 체계적이고 전략적인 접근이 필요하다. 다음은 포지셔닝 전략을 수립하는 과정이다.

1) 브랜드 포지셔닝의 중요성

브랜드 포지셔닝은 브랜드의 성공에 있어 중요한 역할을 한다. 효과적인 포지셔닝은 브랜드가 소비자의 선택을 받는 데 결정적인 영향을 미친다.

2) 소비자 인식 형성

포지셔닝은 브랜드가 소비자의 마음속에 특정한 이미지와 인식을 형성한다. 브랜드가 제공하는 가치를 명확히 전달하고, 소비자가 브랜드를 선택하는 이유를 제공한다.

3) 경쟁 우위 확보

포지셔닝은 브랜드가 경쟁 브랜드와 차별화되는 요소를 강조하여 경쟁 우위를 확보하게 한다. 소비자에게 독특한 가치를 제공함으로써 브랜드 선택의 근거를 마련한다.

4) 마케팅 전략의 일관성 유지

포지셔닝은 브랜드의 모든 마케팅 활동에서 일관성을 유지하게 한다. 광고, 프로모션, 제품 개발 등 모든 마케팅 활동이 동일한 메시지를 전달하도록 돕는다.

5) 브랜드 충성도 강화

효과적인 포지셔닝은 브랜드 충성도를 강화한다. 소비자들은 자신이 신뢰하고 인식하는 브랜드에 대해 더 높은 충성도를 보이며, 장기적인 고객 관계를 형성하는 데 중요하다.

6) 소비자 인사이트 분석

목표 시장의 소비자들이 중요하게 생각하는 가치와 요구를 분석한다. 소비자의 행동, 태도, 인식 등을 이해하여 포지셔닝 전략을 수립하는 데 도움이 된다.

(1) **소비자 조사**: 설문 조사, 인터뷰, 포커스 그룹 등을 통해 소비자 인사이트를 수집한다.

(2) **데이터 분석**: 수집된 데이터를 분석하여 소비자의 주요 요구와 기대를 파악한다.

(3) **인사이트 도출**: 분석 결과를 바탕으로 소비자의 니즈와 페인 포인트를 도출한다.

8 경쟁사 분석

주요 경쟁사의 포지셔닝과 차별화 요소를 분석하여 자사의 경쟁 우위를 식별한다. 브랜드가 경쟁사와 어떻게 다른지, 어떤 면에서 더 나은지를 명확히 하는 데 중요하다.

(1) **경쟁사 식별**: 동일한 시장에서 유사한 제품이나 서비스를 제공하는 경쟁자를 식별한다.

(2) **경쟁사 강점 및 약점 파악**: 경쟁사의 주요 강점과 약점을 분석하여 자사의 기회와 위협을 식별한다.

(3) **경쟁사 포지셔닝 분석**: 경쟁사의 마케팅 전략, 메시지, 고객 인식을 분석하여 자사의 차별화 요소를 명확히 한다.

9 차별화 요소 정의

브랜드가 제공하는 독특한 가치와 혜택을 명확히 정의한다. 브랜드의 핵심 메시지를 형성하고, 소비자에게 전달할 주요 가치를 결정하는 과정이다.

(1) **핵심 가치 정의**: 브랜드가 제공하는 주요 가치를 정의한다.

(2) **차별화 포인트 도출**: 경쟁사와 차별화되는 독특한 포인트를 도출한다.

(3) **가치 제안 개발**: 소비자에게 제공할 가치 제안을 명확히 개발한다.

10 포지셔닝 진술 작성

포지셔닝 진술은 목표 고객, 브랜드 카테고리, 차별화 요소, 주요 혜택 등을 포함하는 명확한 문구로 작성되어야 한다. 브랜드가 소비자에게 어떤 가치를 제공하는지 명확하게 전달한다.

(1) **목표 고객 정의:** 포지셔닝 진술에서 목표 고객을 명확히 정의한다.

(2) **브랜드 카테고리 지정:** 브랜드가 속한 카테고리를 명확히 지정한다.

(3) **차별화 요소 명시:** 브랜드의 주요 차별화 요소를 명시한다.

(4) **주요 혜택 강조:** 소비자가 브랜드를 선택할 이유를 명확히 전달하는 주
요 혜택을 강조한다.

11 성공적인 브랜드 포지셔닝을 위한 주요 요소

1) 명확성과 일관성

브랜드 포지셔닝은 명확하고 일관되게 전달되어야 한다. 소비자에게 전달
되는 메시지는 혼란스럽지 않고 일관되게 유지되어야 하며, 모든 마케팅 활동
에서 동일한 메시지가 반영되어야 한다.

(1) **명확한 메시지:** 포지셔닝 메시지는 소비자가 쉽게 이해하고 기억할 수 있
도록 명확해야 한다.

(2) **일관된 커뮤니케이션:** 모든 마케팅 채널에서 일관된 메시지를 전달하여
소비자에게 신뢰를 준다.

(3) **브랜드 가이드라인 준수:** 브랜드 가이드라인을 통해 일관된 비주얼과 언
어적 요소를 유지한다.

2) 차별화

브랜드 포지셔닝은 경쟁사와 명확히 차별화되어야 한다. 브랜드가 제공하
는 독특한 가치와 혜택을 강조하여 소비자가 브랜드를 선택할 이유를 명확히
한다.

(1) **독특한 가치 제안:** 브랜드가 제공하는 독특한 가치를 명확히 전달한다.

(2) **경쟁사와의 차별화**: 경쟁사와의 차별화 요소를 명확히 강조한다.

(3) **고객 중심의 차별화**: 소비자의 니즈와 기대에 부합하는 차별화 포인트를 개발한다.

3) 고객 중심 접근

브랜드 포지셔닝은 고객 중심으로 접근해야 한다. 소비자의 요구와 기대를 반영하여 브랜드가 제공하는 혜택을 강조하고, 고객과의 관계를 강화한다.

(1) **소비자 인사이트 활용**: 소비자 인사이트를 기반으로 한 포지셔닝 전략을 수립한다.

(2) **고객 경험 최적화**: 소비자에게 긍정적인 경험을 제공하여 브랜드 충성도를 높인다.

(3) **피드백 수렴**: 소비자의 피드백을 지속적으로 수렴하여 포지셔닝 전략을 개선한다.

4) 감정적 연결

브랜드 포지셔닝은 소비자와 감정적으로 연결될 수 있어야 한다. 브랜드는 소비자의 감정과 연관된 메시지를 전달하여 더 깊은 관계를 형성한다.

(1) **감정적 메시지 개발**: 소비자의 감정에 호소하는 메시지를 개발한다.

(2) **스토리텔링 활용**: 브랜드 스토리텔링을 통해 소비자와의 감정적 연결을 강화한다.

(3) **브랜드 가치 강조**: 브랜드가 지향하는 가치를 소비자에게 명확히 전달한다.

5) 지속적인 평가와 조정

브랜드 포지셔닝은 지속적으로 평가되고 필요에 따라 조정되어야 한다. 시장 환경의 변화와 소비자의 기대 변화에 따라 포지셔닝 전략을 유연하게 조정한다.

(1) **정기적인 평가**: 브랜드 포지셔닝의 효과를 정기적으로 평가한다.

(2) **소비자 피드백 반영**: 소비자의 피드백을 반영하여 포지셔닝 전략을 개선한다.

(3) **유연한 조정**: 시장 환경과 소비자의 기대 변화에 따라 유연하게 포지셔닝 전략을 조정한다.

12 브랜드 포지셔닝 사례

1) Volvo[6]: 안전성 중심 포지셔닝

Volvo는 자동차 브랜드 중에서 '안전성'을 중심으로 포지셔닝한 대표적인 사례이다. Volvo는 다음과 같은 전략을 통해 안전성에 대한 브랜드 이미지를 구축했다.

- **제품 개발**: Volvo는 혁신적인 안전 기술을 개발하고, 모든 차량에 이를 적용하여 안전성을 강화했다. 예를 들어, 충돌 테스트에서 높은 성능을 보이는 차량을 설계하고, 안전 장비를 표준으로 제공했다.
- **마케팅 커뮤니케이션**: Volvo는 광고와 홍보 활동을 통해 안전성을 강조했다. 소비자에게 '안전한 차량'이라는 명확한 이미지를 심어주었다.
- **고객 경험**: Volvo는 소비자에게 안전성을 직접 경험할 수 있는 기회를 제공했다. 고객 시승 이벤트, 안전 교육 프로그램 등을 통해 이루어졌다.

2) Apple: 혁신과 디자인 중심 포지셔닝

Apple은 '혁신'과 '디자인'을 중심으로 포지셔닝한 브랜드이다. Apple은

---

6 **Volvo**: Stylidis, K., Hoffenson, S., Rossi, M., Wickman, C., Söderman, M., & Söderberg, R. (2020). Transforming brand core values into perceived quality: a Volvo case study. *International Journal of Product Development*, 24(1), 43-67.

다음과 같은 전략을 통해 차별화된 브랜드 이미지를 구축했다.

- **제품 디자인**: Apple은 단순하고 세련된 디자인의 제품을 개발하여 소비자에게 혁신적이고 고급스러운 이미지를 전달했다. iPhone, iPad, Macbook 등의 제품에 반영되었다.
- **사용자 경험**: Apple은 직관적이고 사용하기 쉬운 인터페이스를 개발하여 소비자에게 탁월한 사용자 경험을 제공했다. 소비자들이 Apple 제품을 선택하는 중요한 이유가 되었다.
- **브랜드 커뮤니케이션**: Apple은 광고와 이벤트를 통해 혁신과 디자인을 강조했다. 예를 들어, Apple의 제품 출시 이벤트는 전 세계적으로 큰 관심을 받으며, 브랜드의 혁신적 이미지를 강화했다.

3) Starbucks: 제3의 공간 포지셔닝

Starbucks는 '제3의 공간'이라는 포지셔닝을 통해 성공한 브랜드이다. 제3의 공간은 집과 직장 외에 편안하게 시간을 보낼 수 있는 장소를 의미한다.

- **매장 환경**: Starbucks는 편안하고 아늑한 매장 환경을 제공하여 소비자가 휴식과 여유를 즐길 수 있도록 했다. 고급 인테리어, 음악, 무료 Wi-Fi 등을 통해 구현되었다.
- **고객 서비스**: Starbucks는 높은 수준의 고객 서비스를 제공하여 소비자 만족도를 높였다. 친절한 직원 교육, 맞춤형 음료 제공 등을 통해 이루어졌다.
- **브랜드 경험**: Starbucks는 소비자에게 일관된 브랜드 경험을 제공하기 위해 노력했다. 전 세계 매장에서 동일한 품질과 서비스를 제공함으로써 달성되었다.

13 브랜드 경쟁 분석

브랜드 경쟁 분석은 시장에서의 주요 경쟁사와 그들의 강점과 약점을 파악하여, 자사의 전략을 효과적으로 수립하는 데 도움을 준다. 경쟁사의 제품, 가격, 프로모션, 유통 전략 등을 포함하여 포괄적으로 분석한다.

1) 경쟁 분석의 중요성

경쟁 분석은 다음과 같은 이유로 중요하다.

- **전략적 의사결정 지원**: 경쟁사의 전략을 이해함으로써 자사의 전략적 의사결정을 더 효과적으로 내릴 수 있다.
- **시장 기회 탐색**: 경쟁사의 약점을 파악하여 새로운 시장 기회를 탐색하고 활용할 수 있다.
- **위협 대응**: 경쟁사의 강점을 파악하여 자사의 위협 요소를 미리 예측하고 대응할 수 있다.

2) 경쟁 분석 방법론

경쟁 분석은 다음과 같은 단계로 이루어진다.

(1) **직접 경쟁자 식별**: 동일한 시장에서 유사한 제품이나 서비스를 제공하는 경쟁자를 식별한다.

(2) **간접 경쟁자 분석**: 시장에 잠재적으로 영향을 미칠 수 있는 간접 경쟁자를 분석한다.

(3) **경쟁사의 강점과 약점 파악**: 경쟁사의 주요 강점과 약점을 분석하여 자사의 기회와 위협을 분석한다.

(4) **경쟁 전략 평가**: 경쟁사의 마케팅 전략, 시장 점유율, 고객 만족도 등을 평가하여 자사의 전략 수립에 반영한다.

3) 경쟁 분석 도구

경쟁 분석을 효과적으로 수행하기 위해 다음과 같은 도구를 사용할 수 있다.

(1) SWOT 분석: 경쟁사의 강점(Strengths), 약점(Weaknesses), 기회(Opportunities), 위협(Threats)을 분석한다.

(2) 포터의 5가지 경쟁 요소 모델(Porter's Five Forces): 산업 내 경쟁 강도, 신규 진입자 위협, 대체재 위협, 구매자 협상력, 공급자 협상력을 분석하여 산업 구조를 이해한다.

(3) 벤치마킹(Benchmarking): 경쟁사의 성과와 자사의 성과를 비교하여 개선 가능한 영역을 식별한다.

14 벤치마킹의 정의

벤치마킹은 '비교 기준을 설정하다'라는 의미에서 유래되었다. 조직이 다른 조직의 우수한 사례를 기준으로 삼아 자신의 성과를 비교하고, 이를 통해 학습과 개선을 도모하는 과정이다. 벤치마킹은 경쟁사뿐만 아니라 업계의 비슷한 기능을 수행하는 모든 조직을 대상으로 할 수 있다.

벤치마킹은 조직이 경쟁력을 강화하고 성과를 향상시키는 데 중요한 도구이다. 체계적인 벤치마킹 과정을 통해 조직은 우수한 운영 방법을 학습하고, 이를 자사의 상황에 맞게 적용하여 개선을 도모할 수 있다. 벤치마킹의 장점과 한계를 이해하고, 이를 효과적으로 활용하는 것이 중요하다.

1) 벤치마킹의 유형

벤치마킹에는 여러 유형이 있으며, 목적과 대상에 따라 다르게 적용될 수 있다.

(1) 내부 벤치마킹(Internal Benchmarking)

내부 벤치마킹은 같은 조직 내의 다른 부서나 사업부의 우수한 운영 방법을 비교 분석하는 것이다. 이를 통해 조직 내에서 효과적인 방법을 공유하고, 전체적인 성과를 향상시킬 수 있다.

- 예시: 한 대기업의 제조 부서가 성과가 우수한 다른 제조 부서의 작업 방식을 벤치마킹하여 생산성을 높이는 경우.

(2) 경쟁 벤치마킹(Competitive Benchmarking)

경쟁 벤치마킹은 직접적인 경쟁사와의 성과와 운영 방법을 비교 분석하는 것이다. 이를 통해 경쟁사의 강점을 파악하고, 자사의 경쟁력을 강화할 수 있다.

- 예시: 한 자동차 제조사가 주요 경쟁사의 생산 공정을 분석하여 자사의 생산 효율성을 개선하는 경우.

(3) 기능 벤치마킹(Functional Benchmarking)

기능 벤치마킹은 업계의 비슷한 기능을 수행하는 다른 조직의 우수한 운영 방법을 비교 분석하는 것이다. 반드시 같은 산업에 속하지 않은 조직이라도 유사한 기능을 수행하는 곳을 대상으로 할 수 있다.

- 예시: 한 병원이 호텔 업계의 고객 서비스 방식을 벤치마킹하여 환자 만족도를 높이는 경우.

(4) 일반 벤치마킹(Generic Benchmarking)

일반 벤치마킹은 다양한 산업에서 최선의 운영 방법을 찾아내어 이를 분석하는 것이다. 특정 기능이나 프로세스에 국한되지 않고, 다양한 분야에서 우수 사례를 찾아 적용한다.

- 예시: 다양한 산업에서의 혁신적인 기술 도입 사례를 벤치마킹하여 자사의 기술 개발에 반영하는 경우.

2) 벤치마킹의 과정

벤치마킹은 일반적으로 다음과 같은 단계를 거쳐 수행한다.

(1) 계획 수립

- **목표 설정**: 벤치마킹의 목적과 목표를 명확히 정의한다. 개선하고자 하는 분야와 달성하고자 하는 성과를 설정한다.
- **벤치마킹 대상 선정**: 벤치마킹할 대상 조직이나 프로세스를 선정한다. 경쟁사, 업계의 다른 기업, 또는 전혀 다른 산업의 우수 사례가 될 수 있다.

(2) 데이터 수집

- **데이터 수집 방법 결정**: 설문 조사, 인터뷰, 현장 방문 등 데이터를 수집할 방법을 결정한다.
- **데이터 수집 및 분석**: 벤치마킹 대상의 운영 방법, 성과 지표 등을 수집하고 분석한다.

(3) 분석

- **비교 및 분석**: 자사의 현재 상태와 벤치마킹 대상의 데이터를 비교 분석한다. 이를 통해 자사의 강점과 약점을 파악하고, 개선 기회를 도출한다.
- **갭 분석**: 자사와 벤치마킹 대상 간의 격차를 분석하여 개선해야 할 영역을 명확히 한다.

(4) 실행

- **개선 계획 수립**: 분석 결과를 바탕으로 구체적인 개선 계획을 수립한다. 목표, 실행 방법, 자원 배분, 일정 등을 포함한다.
- **실행 및 모니터링**: 개선 계획을 실행하고, 지속적으로 모니터링하여 성과를 평가한다. 필요 시 조정을 통해 목표 달성을 도모한다.

(5) 평가 및 피드백

- **성과 평가**: 개선 활동의 성과를 평가하고, 목표 달성 여부를 확인한다.
- **피드백 수집**: 개선 과정에서 얻은 피드백을 수집하여 향후 벤치마킹 활동에 반영한다.

3) 벤치마킹의 장점

벤치마킹은 조직의 성과 향상과 경쟁력 강화를 위한 강력한 도구로 여러 가지 장점을 가지고 있다.

- **최고 수준의 운영 방법 학습**: 벤치마킹을 통해 조직은 업계 최고의 운영 방법과 성과를 학습하고 적용할 수 있다.
- **경쟁 우위 확보**: 경쟁사와의 비교 분석을 통해 경쟁 우위를 확보하고, 시장에서의 위치를 강화할 수 있다.
- **혁신 촉진**: 벤치마킹은 조직 내에 혁신 문화를 촉진하고, 새로운 아이디어와 접근 방식을 도입하는 데 기여한다.
- **효율성 향상**: 벤치마킹을 통해 비효율적인 프로세스를 개선하고, 운영 효율성을 높일 수 있다.
- **고객 만족도 증대**: 우수한 운영 방법을 도입하여 고객 서비스와 제품 품질을 향상시키고, 고객 만족도를 높일 수 있다.

4) 벤치마킹의 한계

벤치마킹은 많은 장점을 가지고 있지만, 몇 가지 한계도 존재한다.

- **데이터 접근성**: 벤치마킹 대상의 데이터에 접근하는 것이 어려울 수 있다. 특히, 경쟁사의 기밀 정보에 대한 접근은 제한적이다.
- **비용과 시간**: 벤치마킹은 상당한 시간과 비용이 소요될 수 있다. 데이터 수집, 분석, 실행 등의 과정이 복잡하고 시간이 걸릴 수 있다.
- **단순 모방의 위험**: 벤치마킹은 단순히 다른 조직의 운영 방법을 모방하

는 것에 그칠 위험이 있다. 자사의 상황에 맞게 적절히 적용하는 것이 중요하다.

- **변화 관리**: 벤치마킹을 통해 도출된 개선 방안을 실행하는 과정에서 조직 내의 저항이 있을 수 있다. 변화 관리를 효과적으로 수행하는 것이 필요하다.

15 SWOT 분석 개요

SWOT 분석은 조직의 현재 상태를 평가하고 미래 전략을 수립하는 데 중요한 정보를 제공하는 간단하면서도 강력한 도구이다. 각 요소는 조직의 내부 및 외부 환경을 종합적으로 분석하는 데 도움을 준다.

분석 항목	설명
강점(Strengths)	기업이나 브랜드가 경쟁에서 우위를 점할 수 있는 내부적인 특성이나 장점. 예 제품 품질, 기술력, 브랜드 인지도, 독특한 제품/서비스 등.
약점(Weaknesses)	기업이나 브랜드가 개선이 필요한 내부적인 문제나 단점. 예 자원 부족, 낮은 생산성, 브랜드 이미지 부족 등.
기회(Opportunities)	외부 환경에서 기업이 활용할 수 있는 기회나 긍정적인 상황. 예 시장 성장, 규제 완화, 기술 발전, 소비자 트렌드 변화 등.
위협(Threats)	외부 환경에서 기업에 불리하게 작용할 수 있는 위기나 도전. 예 경쟁사의 성장, 경제 불황, 법적 규제 강화 등.

1) 강점(Strengths)

강점은 조직이 내부적으로 잘하고 있는 부분이나 경쟁 우위를 점할 수 있는 요소를 의미한다. 강점은 조직의 자원, 역량, 그리고 경쟁사에 비해 더 나은 점 등을 포함한다.

- **핵심 역량**: 조직이 뛰어난 성과를 내는 특정 역량.
  - 예 기술 혁신 능력, 높은 브랜드 인지도.
- **재정적 안정성**: 탄탄한 재정 상태와 자본 구조.
  - 예 낮은 부채 비율, 높은 이익률.
- **우수한 인재**: 숙련된 직원과 리더십 팀.
  - 예 고도로 숙련된 기술 인력, 경영진의 풍부한 경험.
- **효율적인 운영**: 효율적인 운영 프로세스와 높은 생산성.
  - 예 첨단 생산 설비, 효율적인 공급망 관리.

2) 약점(Weaknesses)

약점은 조직이 내부적으로 부족한 부분이나 개선이 필요한 요소를 의미한다. 약점은 조직의 성장과 경쟁력을 저해하는 내부 요인이다.

- **자원 부족**: 필요한 자원이나 기술의 부족.
  - 예 연구개발(R&D) 예산 부족, 기술 인프라 미비.
- **낮은 브랜드 인지도**: 브랜드 인지도가 낮거나 부정적인 이미지.
  - 예 시장 내 인지도의 부족, 브랜드 이미지의 불명확성.
- **비효율적인 프로세스**: 비효율적인 운영 및 관리 프로세스.
  - 예 오래된 생산 설비, 비효율적인 업무 절차.
- **재정적 취약성**: 재정 상태의 취약성.
  - 예 높은 부채 비율, 낮은 이익률.

3) 기회(Opportunities)

기회는 외부 환경에서 조직이 활용할 수 있는 긍정적인 요인을 의미한다. 기회는 조직의 성장을 촉진하고, 시장에서의 위치를 강화할 수 있는 요소이다.

- **시장 성장**: 빠르게 성장하는 시장이나 신규 시장의 기회.
  - 예 신흥 시장의 성장, 새로운 소비자 트렌드.

- **기술 발전**: 새로운 기술의 도입으로 인한 기회.
  - 예 혁신적인 기술 도입, 디지털 전환.
- **규제 변화**: 규제 완화나 유리한 법적 변화.
  - 예 무역 규제 완화, 세금 인센티브.
- **파트너십**: 전략적 제휴나 협력의 기회.
  - 예 강력한 파트너십, 합작 투자 기회.

4) 위협(Threats)

위협은 외부 환경에서 조직의 성장을 저해할 수 있는 부정적인 요인을 의미한다. 위협은 조직이 직면한 도전과 위험 요소이다.

- **경쟁 강화**: 경쟁사의 성장이나 새로운 경쟁자의 등장.
  - 예 가격 경쟁, 신제품 출시.
- **경제 불안**: 경제적 불안정이나 경기 침체.
  - 예 경제 불황, 환율 변동.
- **규제 강화**: 규제 강화나 법적 변화.
  - 예 새로운 환경 규제, 법적 제재.
- **기술 변화**: 빠르게 변화하는 기술 환경.
  - 예 기술 발전 속도의 증가, 기술적 대체 가능성.

16 SWOT 분석 수행 과정

SWOT 분석은 다음과 같은 단계로 수행된다.

(1) **정보 수집**: 조직의 내부 환경과 외부 환경에 대한 정보를 수집한다. 데이터 분석, 시장 조사, 내부 평가 등을 통해 이루어진다.

(2) **SWOT 매트릭스 작성**: 수집된 정보를 바탕으로 SWOT 매트릭스를 작성한다. 매트릭스는 4가지 요소를 각각 분류하여 정리한다.

(3) 분석 및 전략 수립: 매트릭스를 분석하여 조직의 강점과 기회를 최대한 활용하고, 약점과 위협을 최소화하는 전략을 수립한다.

17 SWOT 분석 예시

가상의 전자제품 회사 사례

① 강점(Strengths)

- 강력한 브랜드 인지도: 시장에서 높은 인지도를 보유.
- 혁신적인 기술력: 첨단 기술을 보유한 R&D 부서.
- 글로벌 유통망: 전 세계에 걸친 강력한 유통 네트워크.

② 약점(Weaknesses)

- 높은 생산 비용: 경쟁사 대비 높은 생산 비용.
- 제한된 제품 라인업: 특정 제품군에 집중되어 있는 제품 포트폴리오.
- 낮은 고객 서비스 평가: 고객 서비스 부문의 낮은 만족도.

③ 기회(Opportunities)

- 성장하는 스마트 홈 시장: 스마트 홈 기기 수요 증가.
- 신규 시장 진출: 신흥 시장에서의 성장 가능성.
- 기술 협력 기회: 기술 스타트 업과의 협력 기회.

④ 위협(Threats)

- 치열한 가격 경쟁: 저가 제품을 제공하는 경쟁사의 증가.
- 경제 불황: 전반적인 경제 불황으로 인한 소비 둔화.
- 빠르게 변화하는 기술: 기술 변화 속도가 빨라 따라가기 어려움.

18 SWOT 분석 활용

SWOT 분석을 통해 도출된 결과를 바탕으로 다음과 같은 전략을 수립할 수 있다.

(1) **강점을 활용한 기회 포착**: 강력한 브랜드 인지도를 활용하여 성장하는 스마트 홈 시장에서 새로운 제품을 출시.

(2) **약점을 보완하여 기회 활용**: 고객 서비스 개선 프로그램을 도입하여 신규 시장 진출 시 긍정적인 고객 경험 제공.

(3) **강점을 통해 위협 대응**: 혁신적인 기술력을 활용하여 경쟁사와의 차별화된 제품을 제공, 가격 경쟁에서 우위 확보.

(4) **약점 보완 및 위협 최소화**: 생산 비용 절감을 위한 효율성 개선 프로젝트를 실행하여 경제 불황에 대비.

19 포터의 5가지 경쟁 요소

- 기존 기업 간의 경쟁(Industry Rivalry)
- 잠재적 진입자의 위협(Threat of New Entrants)
- 대체재의 위협(Threat of Substitutes)
- 구매자의 협상력(Bargaining Power of Buyers)
- 공급자의 협상력(Bargaining Power of Suppliers)

이제 각 요소를 자세히 살펴보자.

경쟁 요소	설명	영향
기존 경쟁자의 경쟁 강도	산업 내 기존 기업들 간의 경쟁 강도. 가격, 품질, 마케팅, 혁신 등을 통한 경쟁.	경쟁 강도가 높으면 가격 인하, 광고 비용 증가, 제품 혁신 강화 등 경쟁 심화.
진입 장벽	새로운 경쟁자가 시장에 진입하려는 위협. 진입 장벽이 낮으면 신규 기업들이 쉽게 시장에 들어올 수 있음.	진입 장벽이 낮으면 기존 기업들의 시장 점유율 감소, 경쟁 심화 가능.
대체품의 위협	소비자가 현재 제품 대신 선택할 수 있는 대체 제품이나 서비스.	대체품의 위협이 강하면 기존 제품에 대한 수요 감소, 가격 및 품질 경쟁 촉진.
공급자의 협상력	공급자가 가격, 품질, 납기 조건 등을 결정할 수 있는 힘.	공급자가 적고 대체 공급처가 없으면 가격 상승 및 조건 불리해짐.
구매자의 협상력	구매자가 가격, 품질 등을 협상할 수 있는 능력. 대량 구매자나 대체품에 대한 접근이 강할 경우 협상력이 증가.	구매자의 협상력이 강하면 가격 인하, 품질 개선 등의 요구 증가.

1) 기존 기업 간의 경쟁(Industry Rivalry)

기존 기업 간의 경쟁은 산업 내에서 현재 활동하고 있는 기업들 사이의 경쟁 강도를 나타낸다. 경쟁이 치열할수록 기업은 가격 인하, 마케팅 비용 증가, 품질 개선 등을 통해 시장 점유율을 유지하거나 확대하려고 노력한다.

이 요소에 영향을 미치는 주요 요인들은 다음과 같다.

- **경쟁사 수와 산업 집중도**: 경쟁사가 많고, 각 기업의 시장 점유율이 비슷할수록 경쟁이 치열하다.
- **성장률**: 산업 성장률이 낮을수록 기업들은 한정된 시장에서 점유율을 확보하기 위해 경쟁을 더 강화한다.
- **고정비 비중**: 고정비가 높을수록 기업들은 판매량을 늘리기 위해 가격 경쟁을 벌일 가능성이 크다.
- **제품 차별화**: 제품 간 차별화가 적을수록 가격 경쟁이 심화된다.
- **철수 장벽**: 산업에서 철수하는 데 비용이 많이 들거나 어려울수록 기업

들은 경쟁을 계속해야 한다.

2) 잠재적 진입자의 위협(Threat of New Entrants)

새로운 기업이 시장에 진입할 가능성과 그로 인해 발생하는 위협을 의미한다. 새로운 경쟁자가 진입하면 기존 기업들은 시장 점유율을 유지하기 위해 추가적인 노력이 필요하다. 진입 장벽이 높을수록 새로운 경쟁자의 위협이 줄어든다. 주요 진입 장벽은 다음과 같다.

- **규모의 경제**: 대규모 생산을 통해 비용을 절감하는 능력이 있을 경우, 신규 진입자는 초기 투자비용이 높아져 진입이 어려워진다.
- **제품 차별화**: 기존 기업들이 강력한 브랜드와 충성 고객을 보유하고 있으면, 신규 진입자는 시장에 진입하기 어렵다.
- **자본 요구사항**: 초기 투자 비용이 높으면 신규 진입자에게 장벽이 된다.
- **전환 비용**: 소비자가 새로운 제품으로 전환하는 데 비용이 많이 들면 진입 장벽이 된다.
- **정부 규제**: 산업에 대한 정부의 규제와 법적 요구사항이 까다로울수록 진입 장벽이 높아진다.

3) 대체재의 위협(Threat of Substitutes)

대체재의 위협은 동일한 욕구를 충족시키는 다른 제품이나 서비스의 존재를 의미한다. 대체재가 많을수록 기업은 가격 인하, 품질 개선 등의 노력을 통해 경쟁력을 유지해야 한다. 주요 요인들은 다음과 같다.

- **대체재의 가용성**: 대체재가 많고 쉽게 접근할 수 있을수록 위협이 커진다.
- **대체재의 가격 및 성능**: 대체재가 더 저렴하거나 성능이 뛰어날 경우, 소비자는 쉽게 대체재로 전환할 수 있다.
- **소비자의 전환 비용**: 소비자가 대체재로 전환하는 데 드는 비용이 낮을수록 위협이 크다.

4) 구매자의 협상력(Bargaining Power of Buyers)

구매자의 협상력은 소비자가 가격을 낮추거나 더 높은 품질의 제품을 요구할 수 있는 능력을 의미한다. 구매자의 협상력이 강할수록 기업은 수익성이 낮아질 수 있다. 주요 요인들은 다음과 같다.

- **구매자 수와 집중도**: 소수의 대형 구매자가 존재할 경우, 그들의 협상력이 커진다.
- **구매자의 전환 비용**: 전환 비용이 낮으면 구매자는 더 쉽게 다른 공급업체로 이동할 수 있다.
- **구매자의 정보 접근성**: 구매자가 시장 정보에 쉽게 접근할 수 있을 경우, 협상력이 커진다.
- **제품의 표준화**: 제품이 표준화되고 차별화가 적을수록 구매자는 가격 인하를 요구할 가능성이 크다.

5) 공급자의 협상력(Bargaining Power of Suppliers)

공급자의 협상력은 기업에 원자재나 서비스를 제공하는 공급자가 가격을 인상하거나 품질을 낮출 수 있는 능력을 의미한다. 공급자의 협상력이 강할수록 기업의 원가가 증가하고 수익성이 감소할 수 있다.

주요 요인들은 다음과 같다.

- **공급자 수와 집중도**: 소수의 대형 공급자가 존재할 경우, 그들의 협상력이 커진다.
- **대체 공급원의 가용성**: 대체 공급원이 적을수록 공급자의 협상력이 커진다.
- **공급자의 전환 비용**: 기업이 다른 공급자로 전환하는 데 드는 비용이 높을수록 공급자의 협상력이 커진다.
- **공급자의 독점력**: 공급자가 독점적인 기술이나 자원을 보유하고 있을 경우, 협상력이 커진다.

CASE STUDY

- 루이비통 모엣 헤네시(LVMH[7], 프랑스): 럭셔리 그룹 LVMH는 각 브랜드가 독립적으로 운영되면서도 일관된 럭셔리 이미지를 유지하는 전략을 사용해 글로벌 럭셔리 시장에서 강력한 위치를 차지하고 있다.

7 **LVMH:** Cavender, R., & H. Kincade, D. (2014). Management of a luxury brand: Dimensions and sub-variables from a case study of LVMH. *Journal of Fashion Marketing and Management*, 18(2), 231-248.

• 브랜드 역사

루이비통 모엣 헤네시(LVMH)는 1987년에 설립된 세계 최대의 럭셔리 그룹으로, 다양한 럭셔리 브랜드를 보유하고 있다. LVMH는 프랑스의 명품 가방 브랜드인 루이비통(Louis Vuitton)[8]과 샴페인 브랜드 모엣 샹동(Moët & Chandon), 그리고 코냑 브랜드 헤네시(Hennessy)가 합병하여 탄생했다. LVMH는 패션, 주류, 화장품, 보석 등 다양한 고급 소비재를 통해 글로벌 럭셔리 시장을 선도하고 있으며, 현재 75개 이상의 브랜드를 운영하고 있다.

• 마케팅 성공의 배경

LVMH가 성공한 배경은 브랜드 포트폴리오의 다양성과 각 브랜드의 독립성을 유지하면서도 일관된 럭셔리 이미지를 강화하는 전략에 있다. LVMH는 각 브랜드가 독립적으로 운영되도록 하여 각 브랜드의 고유한 정체성을 유지하게 하면서도, 럭셔리 그룹 전체로서의 시너지를 극대화한다.

① 독립적 운영 전략: LVMH의 브랜드들은 모두 개별적으로 운영되며, 독립적인 마케팅 전략과 브랜드 아이덴티티를 유지한다. 이를 통해 브랜드 간의 차별화가 가능하고, 소비자들에게 각기 다른 럭셔리 경험을 제공한다.

② 일관된 럭셔리 이미지: LVMH는 각 브랜드의 독립성을 존중하면서도, 그룹 전체의 일관된 럭셔리 이미지를 유지한다. 이를 위해 그룹 차원에서 높은 품질 기준을 유지하고, 혁신적인 디자인과 탁월한 고객 경험을 제공하는 것을 중시한다. 예를 들어, 루이비통은 전통적인 장인정신을 바탕으로 하면서도 현대적 감각을 접목한 디자인으로 소비자들에게 지속적으로 매력을 어필한다.

---

8 **Louis Vuitton:** Dallabona, A. (2024). *Luxury Fashion Marketing and Branding: A Strategic Approach.* Taylor & Francis.

③ 글로벌 확장과 현지화 전략: LVMH는 글로벌 시장에서 강력한 입지를 구축하기 위해 현지화 전략을 적절히 사용한다. 전 세계 주요 도시에서 럭셔리 매장을 운영하며, 각 지역의 문화적 특성을 반영한 제품 라인업과 마케팅 전략을 펼치고 있다.

● 브랜드의 특별한 점

LVMH의 특별함은 다양한 럭셔리 브랜드 포트폴리오를 통해 글로벌 럭셔리 시장에서 폭넓은 소비자층을 공략할 수 있다는 점에 있다. LVMH는 패션, 시계, 주류, 화장품 등 여러 분야의 럭셔리 브랜드를 소유하여 다양한 라이프스타일에 맞는 제품을 제공한다. 이로 인해 고객들은 한 번의 구매 경험이 아닌, 전 생애에 걸쳐 지속적인 브랜드 경험을 하게 된다.

또한, 디지털 트렌드에 민감하게 대응하여 온라인 판매와 디지털 마케팅을 적극 도입한 점도 눈에 띈다. LVMH는 럭셔리 소비자들이 온라인에서 쇼핑하는 추세에 맞추어, 각 브랜드의 온라인 경험을 고급스럽게 유지하면서도 소비자와의 상호작용을 강화하고 있다.

● 결론

LVMH는 독립적으로 운영되는 각 브랜드의 고유한 매력과 함께 일관된 럭셔리 이미지를 유지하는 브랜드 전략을 통해 글로벌 럭셔리 시장에서 선두를 달리고 있다. 럭셔리 경험의 극대화와 혁신적인 마케팅 전략, 그리고 현지화와 디지털화에 대한 적절한 대응은 LVMH가 앞으로도 럭셔리 시장에서 확고한 위치를 유지할 수 있도록 할 것이다.

Work Sheet - 02

교과목:

학번:

이름:

브랜드 전략 수립에 대해 작성하시오.

1. 브랜드 비전의 중요성?

2. 브랜드 포지셔닝의 개념?

3. 성공적인 포지셔닝을 위한 주요 요소?

CHAPTER

03

브랜드 아이덴티티

브랜드 슬로건과 메시지는 브랜드 아이덴티티의 중요한 요소로, 브랜드의 핵심 가치를 명확하고 간결하게 전달하는 데 중요한 역할을 한다. 효과적인 브랜드 슬로건은 기억에 남고, 감정적으로 호소하며, 명확한 메시지를 전달해야 한다. 브랜드 메시지는 명확성, 일관성, 감정적 호소, 적절성, 차별화의 특징을 가져야 한다. 브랜드 슬로건과 메시지는 상호 보완적이며, 일관된 메시지와 시각적 조화를 통해 강력한 브랜드 아이덴티티를 구축할 수 있다.

브랜드 아이덴티티

1 브랜드 아이덴티티의 정의

브랜드 아이덴티티(Brand Identity)는 소비자와 시장에 대해 브랜드가 자신을 어떻게 정의하고, 어떤 이미지를 전달하고자 하는지를 나타내는 종합적인 개념이다. 브랜드의 이름, 로고, 색상, 슬로건, 디자인, 커뮤니케이션 스타일 등 다양한 요소로 구성되며, 브랜드의 핵심 가치와 개성을 표현한다.

2 브랜드 아이덴티티의 중요성

브랜드 아이덴티티는 기업의 성공에 있어 매우 중요한 역할을 한다. 다음과 같은 이유로 브랜드 아이덴티티가 중요하다.

- **차별화**: 브랜드 아이덴티티는 시장에서 경쟁 브랜드와 차별화되는 요소를 제공한다. 명확한 아이덴티티는 소비자가 브랜드를 인식하고 선택하는 데 도움을 준다.
- **신뢰 구축**: 일관된 브랜드 아이덴티티는 소비자에게 신뢰를 준다. 소비자는 일관된 이미지와 메시지를 통해 브랜드에 대한 신뢰를 쌓게 된다.

- **브랜드 충성도**: 강력한 브랜드 아이덴티티는 소비자 충성도를 높이는 데 기여한다. 소비자는 자신이 신뢰하고 좋아하는 브랜드에 더 오랫동안 충성하게 된다.
- **시장 포지셔닝**: 브랜드 아이덴티티는 시장에서 브랜드의 위치를 명확히 정의한다. 브랜드가 목표 시장에서 어떤 이미지를 가지고 있는지 나타내 준다.

3 브랜드 아이덴티티의 구성 요소

브랜드 아이덴티티는 다양한 구성 요소로 이루어져 있다. 각 요소는 브랜드의 개성과 가치를 표현하는 데 중요한 역할을 한다.

1) 브랜드 이름(Brand Name)

브랜드 이름은 브랜드의 가장 기본적인 식별 요소이다. 좋은 브랜드 이름은 다음과 같은 특징을 가진다.
- **기억하기 쉬움**: 소비자가 쉽게 기억하고 발음할 수 있어야 한다.
- **의미 전달**: 브랜드의 성격과 가치를 반영해야 한다.
- **차별화**: 경쟁 브랜드와 명확히 구별될 수 있어야 한다.

2) 브랜드 네임과 로고 디자인

브랜드 네임과 로고는 브랜드 아이덴티티의 핵심 요소로, 소비자가 브랜드를 인식하고 기억하는 데 중요한 역할을 한다. 브랜드 네임과 로고 디자인의 중요성, 특성, 그리고 효과적인 네임과 로고를 만드는 방법에 대해 설명한다.

4 브랜드 네임(Brand Name)

1) 브랜드 네임의 중요성

브랜드 네임은 브랜드의 첫인상을 결정짓는 중요한 요소이다. 효과적인 브랜드 네임은 소비자가 브랜드를 쉽게 인식하고 기억할 수 있도록 도와주며, 브랜드의 성격과 가치를 전달하는 데 중요한 역할을 한다.

2) 브랜드 네임의 특징

효과적인 브랜드 네임은 다음과 같은 특징을 가진다.

(1) **기억하기 쉬움**: 소비자가 쉽게 기억하고 발음할 수 있어야 한다.

(2) **의미 전달**: 브랜드의 성격, 가치, 목적을 반영하여 소비자에게 명확한 메시지를 전달해야 한다.

(3) **차별화**: 경쟁 브랜드와 명확히 구별될 수 있어야 한다.

(4) **법적 보호 가능성**: 상표 등록이 가능하고, 법적으로 보호받을 수 있어야 한다.

(5) **문화적 적합성**: 목표 시장의 문화적 맥락에 적합하고, 부정적인 의미를 피해야 한다.

3) 브랜드 네임 생성 과정

(1) **브랜드 전략 분석**: 브랜드의 비전, 미션, 핵심 가치를 분석하여 브랜드 네임의 방향성을 설정한다.

(2) **목표 시장 분석**: 목표 시장의 문화, 언어, 소비자 인식을 분석하여 적합한 브랜드 네임을 구상한다.

(3) **브레인스토밍**: 다양한 아이디어를 생성하고, 후보 네임 목록을 작성한다.

(4) **선별 및 평가**: 후보 네임을 평가하고, 가장 적합한 네임을 선택한다. 이 과정에서 발음, 철자, 의미, 법적 보호 가능성 등을 고려한다.

(5) **테스트**: 선택한 브랜드 네임을 소비자 대상으로 테스트하여 반응을 확인한다.

(6) **최종 결정 및 등록**: 최종 네임을 결정하고, 상표 등록 절차를 진행한다.

5 로고 디자인(Logo Design)

1) 로고 디자인의 중요성

로고는 브랜드의 시각적 상징으로, 브랜드 아이덴티티를 강화하고, 소비자가 브랜드를 인식하고 기억하는 데 중요한 역할을 한다. 효과적인 로고는 브랜드의 성격과 가치를 시각적으로 표현하며, 다양한 매체와 접점에서 일관되게 사용될 수 있어야 한다.

2) 로고 디자인의 특징

효과적인 로고는 다음과 같은 특징을 가진다.

- **단순성**: 단순하면서도 강렬한 인상을 줄 수 있어야 한다.
- **독창성**: 독창적이고 쉽게 식별될 수 있어야 한다.
- **다양한 사용 가능성**: 다양한 매체와 환경에서 효과적으로 사용될 수 있어야 한다.
- **적절한 색상**: 브랜드의 성격과 감정을 반영하는 색상을 사용해야 한다.
- **확장성**: 시간이 지나도 변하지 않는 확장성을 가져야 한다.

3) 로고 디자인 과정

- **브랜드 전략 분석**: 브랜드의 비전, 미션, 핵심 가치를 분석하여 로고 디자인의 방향성을 설정한다.
- **목표 시장 분석**: 목표 시장의 문화, 소비자 선호도를 분석하여 적합한 로고 디자인을 구상한다.

- **스케치 및 브레인스토밍**: 다양한 로고 아이디어를 스케치하고, 후보 디자인 목록을 작성한다.
- **디지털화**: 선택된 스케치를 디지털화하여 다양한 형태와 색상으로 시각화 한다.
- **선별 및 평가**: 후보 로고를 평가하고, 가장 적합한 로고를 선택한다. 이 과정에서 가독성, 적합성, 확장성 등을 고려한다.
- **테스트**: 선택한 로고를 다양한 매체와 환경에서 테스트하여 가독성과 시각적 효과를 확인한다.
- **최종 결정 및 적용**: 최종 로고를 결정하고, 브랜드 가이드라인에 따라 모든 마케팅 활동과 커뮤니케이션에 적용한다.

로고는 브랜드의 시각적 상징으로, 브랜드 아이덴티티를 강화하는 중요한 요소이다.

효과적인 로고는 다음과 같은 특징을 가진다.

- **단순성**: 단순하면서도 강렬한 인상을 줄 수 있어야 한다.
- **독창성**: 독창적이고 쉽게 식별될 수 있어야 한다.
- **다양한 사용 가능성**: 다양한 매체와 환경에서 효과적으로 사용될 수 있어야 한다.

6 색상(Color)

색상은 브랜드의 감정적 반응을 유도하고, 브랜드를 시각적으로 구별하는 데 중요한 역할을 한다. 브랜드 색상은 다음과 같은 요소를 고려하여 선택된다.

- **심리적 영향**: 색상은 소비자의 감정과 인식을 강하게 자극한다. 예를 들어, 빨간색은 열정과 에너지를, 파란색은 신뢰와 안정감을 전달한다.
- **일관성**: 다양한 매체와 환경에서 일관되게 사용될 수 있어야 한다.

7 슬로건(Slogan)

슬로건은 브랜드의 핵심 메시지를 간결하게 표현한 문구이다.
효과적인 슬로건은 다음과 같은 특징을 가진다.

- **기억에 남음**: 소비자가 쉽게 기억할 수 있어야 한다.
- **명확한 메시지**: 브랜드의 가치를 명확히 전달해야 한다.
- **감정적 호소**: 소비자의 감정에 호소하여 공감을 이끌어내야 한다.

8 디자인(Design)

디자인은 제품, 패키지, 매장, 웹사이트 등 다양한 접점에서 브랜드의 시각적 아이덴티티를 강화한다. 브랜드 디자인은 다음과 같은 요소를 포함한다.

- **제품 디자인**: 제품의 형태, 재질, 색상 등을 통해 브랜드 이미지를 강화한다.
- **패키지 디자인**: 제품 패키지는 소비자가 브랜드를 인식하고 선택하는 데 중요한 역할을 한다.
- **매장 디자인**: 매장의 인테리어와 레이아웃은 브랜드 경험을 결정짓는 중요한 요소이다.
- **웹사이트 디자인**: 웹사이트는 디지털 환경에서의 브랜드 아이덴티티를 강화하는 데 중요하다.

9 커뮤니케이션 스타일(Communication Style)

브랜드의 커뮤니케이션 스타일은 브랜드가 소비자와 소통하는 방식이다. 이는 브랜드의 목소리, 톤, 메시지 등을 포함한다. 효과적인 커뮤니케이션 스타일은 다음과 같은 특징을 가진다.

- **일관성**: 모든 커뮤니케이션 채널에서 일관된 메시지와 톤을 유지해야 한다.
- **적절성**: 목표 고객의 특성과 기대에 맞추어 조정되어야 한다.
- **명확성**: 메시지가 명확하고 쉽게 이해될 수 있어야 한다.

🔟 브랜드 아이덴티티 구축 과정

브랜드 아이덴티티를 구축하는 과정은 체계적이고 전략적으로 접근해야 한다. 다음은 브랜드 아이덴티티 구축의 주요 단계이다.

1) 브랜드 전략 수립

브랜드 아이덴티티 구축의 첫 번째 단계는 브랜드 전략을 수립하는 것이다. 이는 브랜드의 비전, 미션, 핵심 가치를 정의하고, 목표 시장과 경쟁 환경을 분석하는 과정이다.

2) 브랜드 아이덴티티 요소 개발

브랜드 전략을 바탕으로 브랜드 이름, 로고, 색상, 슬로건, 디자인, 커뮤니케이션 스타일 등 아이덴티티 요소를 개발한다. 이 단계에서는 각 요소가 브랜드의 성격과 가치를 효과적으로 반영하도록 설계한다.

3) 일관성 유지

브랜드 아이덴티티 요소를 개발한 후에는 모든 마케팅 활동과 커뮤니케이션에서 일관성을 유지하는 것이 중요하다. 이를 위해 브랜드 가이드라인을 작성하여 모든 직원과 파트너가 준수하도록 한다.

4) 지속적인 평가 및 개선

브랜드 아이덴티티는 시장 변화와 소비자 피드백에 따라 지속적으로 평가하고 개선해야 한다. 정기적인 브랜드 인식 조사와 소비자 피드백을 통해 아이덴티티 요소를 평가하고, 필요한 경우 수정한다.

11 브랜드 컬러와 타이포그래피

브랜드 컬러와 타이포그래피는 브랜드 아이덴티티를 구성하는 중요한 요소로, 브랜드의 성격과 가치를 시각적으로 표현하고, 소비자와의 감정적 연결을 강화하는 데 중요한 역할을 한다. 브랜드 컬러와 타이포그래피의 중요성, 특징, 그리고 효과적인 활용 방법에 대해 설명한다.

1) 브랜드 컬러(Brand Color)

(1) 브랜드 컬러의 중요성

브랜드 컬러는 브랜드의 시각적 아이덴티티를 구성하는 핵심 요소로, 소비자가 브랜드를 인식하고 기억하는 데 중요한 역할을 한다. 컬러는 브랜드의 성격, 감정, 가치를 전달하며, 일관된 브랜드 이미지를 구축하는 데 기여한다.

(2) 브랜드 컬러의 심리적 영향

컬러는 감정과 인식을 강하게 자극하는 힘을 가지고 있다. 각각의 색상은 특정한 심리적 반응을 유발하며, 브랜드 컬러를 선택할 때 이러한 심리적 효과를 고려하는 것이 중요하다.

- **빨간색(Red)**: 열정, 에너지, 긴급성을 상징한다.
  주의를 끌고, 강렬한 인상을 주는 색상이다.
- **파란색(Blue)**: 신뢰, 안정, 평온을 상징한다.
  신뢰성과 안정감을 전달하는 색상이다.

- **녹색(Green)**: 자연, 건강, 평화를 상징한다.
  환경 친화적이고 건강한 이미지를 전달한다.
- **노란색(Yellow)**: 행복, 긍정, 낙관을 상징한다.
  밝고 활기찬 이미지를 전달한다.
- **검정색(Black)**: 권위, 세련됨, 강렬함을 상징한다.
  고급스럽고 세련된 이미지를 전달한다.
- **하얀색(White)**: 순수, 간결함, 청결을 상징한다.
  깨끗하고 단순한 이미지를 전달한다.

(3) 브랜드 컬러 선택 과정

- **브랜드 성격 분석**: 브랜드의 성격과 가치를 분석하여 적합한 컬러 팔레트를 정의한다.
- **목표 시장 분석**: 목표 시장의 문화적 맥락과 소비자 선호도를 분석하여 컬러 선택에 반영한다.
- **컬러 테스트**: 선택된 컬러 팔레트를 다양한 매체와 환경에서 테스트하여 일관성과 가독성을 확인한다.
- **최종 결정 및 가이드라인 작성**: 최종 컬러 팔레트를 결정하고, 브랜드 가이드라인에 포함하여 일관되게 사용될 수 있도록 한다.

12 타이포그래피(Typography)

1) 타이포그래피의 중요성

타이포그래피는 글꼴의 선택과 배열을 통해 브랜드의 시각적 아이덴티티를 표현하는 요소이다. 효과적인 타이포그래피는 브랜드의 성격과 메시지를 명확히 전달하고, 시각적 일관성을 유지하는 데 중요한 역할을 한다.

2) 타이포그래피의 구성 요소

타이포그래피는 다양한 구성 요소로 이루어져 있으며, 각각의 요소는 브랜드 커뮤니케이션의 일관성과 가독성을 유지하는 데 중요하다.

- **글꼴(Font)**: 글꼴의 스타일은 브랜드의 성격을 반영한다.
  예를 들어, 세리프 폰트는 전통적이고 신뢰감을 주며, 산세리프 폰트는 현대적이고 깔끔한 이미지를 전달한다.
- **서체 유형(Typeface)**: 서체의 굵기, 크기, 기울기 등을 조정하여 다양한 메시지와 느낌을 전달할 수 있다.
- **글자 간격(Kerning)**: 글자 사이의 간격을 조정하여 가독성을 향상시키고, 시각적 균형을 맞출 수 있다.
- **행간(Line Spacing)**: 행 사이의 간격을 조정하여 가독성과 시각적 흐름을 유지한다.
- **정렬(Alignment)**: 텍스트의 정렬 방식(왼쪽 정렬, 가운데 정렬, 오른쪽 정렬 등)을 통해 시각적 일관성과 가독성을 유지한다.

3) 타이포그래피 선택 과정

- **브랜드 성격 분석**: 브랜드의 성격과 가치를 분석하여 적합한 글꼴과 서체 유형을 정의한다.
- **목표 시장 분석**: 목표 시장의 문화적 맥락과 소비자 선호도를 분석하여 타이포그래피 선택에 반영한다.
- **타이포그래피 테스트**: 선택된 타이포그래피를 다양한 매체와 환경에서 테스트하여 가독성과 시각적 효과를 확인한다.
- **최종 결정 및 가이드라인 작성**: 최종 타이포그래피를 결정하고, 브랜드 가이드라인에 포함하여 일관되게 사용될 수 있도록 한다.

브랜드 컬러와 타이포그래피는 상호 보완적이며, 함께 사용될 때 브랜드 아이덴티티를 강화하는 데 중요한 역할을 한다. 이 두 요소는 다음과 같은 방식으로 조화를 이루어야 한다.

- **일관된 메시지 전달**: 브랜드 컬러와 타이포그래피는 동일한 메시지와 가치를 전달해야 한다. 브랜드의 성격과 가치를 시각적으로 표현하는 데 도움을 준다.
- **시각적 조화**: 컬러와 타이포그래피는 시각적으로 조화를 이루어야 한다. 이는 색상, 글꼴, 서체 유형, 정렬 등의 요소를 통해 달성할 수 있다.
- **일관된 적용**: 브랜드 컬러와 타이포그래피는 모든 마케팅 자료, 제품, 패키지, 웹사이트 등에서 일관되게 사용되어야 한다. 이를 통해 소비자는 브랜드를 쉽게 인식하고 기억할 수 있다.

브랜드 컬러와 타이포그래피는 브랜드 아이덴티티의 중요한 요소로, 브랜드의 성격과 가치를 시각적으로 표현하고, 소비자와의 감정적 연결을 강화하는 데 중요한 역할을 한다. 효과적인 브랜드 컬러는 심리적 영향을 고려하여 선택되어야 하며, 타이포그래피는 가독성과 시각적 일관성을 유지해야 한다. 브랜드 컬러와 타이포그래피는 상호 보완적이며, 일관된 메시지와 시각적 조화를 통해 강력한 브랜드 아이덴티티를 구축할 수 있다.

13 슬로건과 메시지 개발

브랜드 슬로건과 메시지는 브랜드 아이덴티티의 중요한 요소로, 소비자에게 브랜드의 핵심 가치를 명확하고 간결하게 전달하는 데 중요한 역할을 한다. 브랜드 슬로건과 메시지 개발의 중요성, 특성, 그리고 효과적인 슬로건과 메시지를 만드는 방법에 대해 설명한다.

1) 브랜드 슬로건(Brand Slogan)

브랜드 슬로건은 브랜드의 핵심 가치를 간결하고 기억에 남는 문구로 표현한 것이다. 브랜드 슬로건은 고객과 브랜드 간의 연결을 강화하며, 브랜드의 정체성과 메시지를 효과적으로 전달하는 데 중요한 역할을 한다.

(1) 브랜드 슬로건(Brand Slogan) 특징

- **간결성**: 슬로건은 보통 짧고 명확한 문장으로 이루어져 있다. 이는 소비자들이 쉽게 기억할 수 있도록 하기 위함이다.
- **독창성**: 다른 브랜드와 차별화된 독특한 메시지를 통해 브랜드만의 정체성을 드러낸다.
- **감정적 연결**: 슬로건은 브랜드와 소비자 간의 감정적인 연결을 구축하며, 신뢰와 친근감을 높이는 데 기여한다.
- **지속성**: 브랜드의 장기적인 목표나 철학을 반영하여, 일관성 있는 이미지를 전달한다.

브랜드 슬로건은 광고, 캠페인, 포장 등 다양한 채널에서 사용하며, 브랜드의 인지도를 높이고, 고객 충성도를 강화하고, 궁극적으로 판매를 촉진한다.

브랜드 슬로건을 개발할 때는 브랜드의 목표, 대상 고객, 시장에서 차별화된 가치를 명확히 반영하는 것이 중요하다.

- **Coca-Cola**: "Open Happiness" - 제품을 통해 즐거움과 행복을 제공한다.

2) 브랜드 슬로건의 중요성

브랜드 슬로건은 브랜드의 핵심 메시지를 간결하게 표현한 문구로, 소비자에게 브랜드의 가치를 전달하고 기억에 남게 하는 데 중요한 역할을 한다.

효과적인 슬로건은 브랜드 아이덴티티를 강화하고, 소비자와의 정서적 연결을 구축하는 데 기여한다.

3) 브랜드 슬로건의 특징

효과적인 브랜드 슬로건은 다음과 같은 특징을 가진다.

- **기억에 남음**: 소비자가 쉽게 기억하고 반복적으로 떠올릴 수 있어야 한다.
- **명확한 메시지**: 브랜드의 핵심 가치를 명확하고 간결하게 전달해야 한다.
- **감정적 호소**: 소비자의 감정에 호소하여 공감을 이끌어내야 한다.
- **차별화**: 경쟁 브랜드와 명확히 구별될 수 있어야 한다.
- **일관성**: 브랜드의 전체 메시지와 일관성을 유지해야 한다.

4) 브랜드 슬로건 개발 과정

- **브랜드 전략 분석**: 브랜드의 비전, 미션, 핵심 가치를 분석하여 슬로건의 방향성을 설정한다.
- **목표 시장 분석**: 목표 시장의 특성과 소비자 인식을 분석하여 슬로건 개발에 반영한다.
- **브레인스토밍**: 다양한 아이디어를 생성하고, 후보 슬로건 목록을 작성한다.
- **선별 및 평가**: 후보 슬로건을 평가하고, 가장 적합한 슬로건을 선택한다. 이 과정에서 발음, 철자, 의미, 감정적 호소력 등을 고려한다.
- **테스트**: 선택한 슬로건을 소비자 대상으로 테스트하여 반응을 확인한다.
- **최종 결정 및 적용**: 최종 슬로건을 결정하고, 모든 마케팅 활동과 커뮤니케이션에 적용한다.

14 브랜드 메시지(Brand Message)

1) 브랜드 메시지의 중요성

브랜드 메시지는 브랜드가 소비자에게 전달하고자 하는 일관된 내용과 톤을 의미한다. 브랜드의 성격, 가치를 전달하고, 소비자와의 관계를 형성하는 데 중요한 역할을 한다. 효과적인 브랜드 메시지는 소비자가 브랜드를 이해하고 신뢰하게 만든다.

2) 브랜드 메시지의 특징

효과적인 브랜드 메시지는 다음과 같은 특징을 가진다.

- **명확성**: 메시지가 명확하고 쉽게 이해될 수 있어야 한다.
- **일관성**: 모든 커뮤니케이션 채널에서 일관된 메시지를 전달해야 한다.
- **감정적 호소**: 소비자의 감정에 호소하여 공감을 이끌어내야 한다.
- **적절성**: 목표 고객의 특성과 기대에 맞추어 조정되어야 한다.
- **차별화**: 경쟁 브랜드와 명확히 구별될 수 있어야 한다.

3) 브랜드 메시지 개발 과정

- **브랜드 전략 분석**: 브랜드의 비전, 미션, 핵심 가치를 분석하여 메시지의 방향성을 설정한다.
- **목표 시장 분석**: 목표 시장의 특성과 소비자 인식을 분석하여 메시지 개발에 반영한다.
- **핵심 메시지 정의**: 브랜드의 핵심 메시지를 정의하고, 이를 중심으로 서브 메시지를 개발한다.
- **일관된 톤 설정**: 브랜드의 성격과 가치를 반영하여 일관된 톤을 설정한다.

- **메시지 테스트**: 개발한 메시지를 다양한 채널에서 테스트하여 소비자 반응을 확인한다.
- **최종 결정 및 적용**: 최종 메시지를 결정하고, 모든 커뮤니케이션 채널에 일관되게 적용한다.

4) 브랜드 슬로건과 메시지의 조화

브랜드 슬로건과 메시지는 상호 보완적이며, 함께 사용될 때 브랜드 아이덴티티를 강화하는 데 중요한 역할을 한다. 이 두 요소는 다음과 같은 방식으로 조화를 이루어야 한다.

- **일관된 메시지 전달**: 브랜드 슬로건과 메시지는 동일한 메시지와 가치를 전달해야 한다. 이는 브랜드의 성격과 가치를 명확히 표현하는 데 도움을 준다.
- **시각적 조화**: 슬로건과 메시지는 시각적으로 조화를 이루어야 한다. 이는 디자인, 색상, 타이포그래피 등의 요소를 통해 달성할 수 있다.
- **일관된 적용**: 브랜드 슬로건과 메시지는 모든 마케팅 자료, 제품, 패키지, 웹사이트 등에서 일관되게 사용되어야 한다. 이를 통해 소비자는 브랜드를 쉽게 인식하고 기억할 수 있다.

사례: Nike[9] – "Just Do It" 슬로건 설명

• 슬로건 설명

"Just Do It"은 Nike의 유명한 슬로건으로, 1988년에 처음 도입되었다. 이 슬

---

9 **Nike**: Eyada, B. (2020). Brand activism, the relation and impact on consumer perception: A case study on Nike advertising. *International Journal of Marketing Studies, 12(4),* 30-42.

로건은 간결하면서도 강렬한 메시지를 통해 Nike의 브랜드 가치를 잘 반영하고 있다.

● **분석**

- 간결성: 슬로건은 짧고 기억하기 쉬운 문구로 구성되어 있어, 소비자가 쉽게 기억할 수 있다.
- 동기부여: "Just Do It"은 소비자에게 도전과 행동을 촉구하는 강력한 메시지를 전달한다. 운동과 스포츠를 통해 자신의 한계를 극복하려는 사람들에게 큰 영감을 준다.
- 보편성: 슬로건은 특정 스포츠나 활동에 국한되지 않고, 모든 사람들에게 적용될 수 있는 보편적인 메시지를 담고 있다.
- 브랜드 가치 반영: Nike는 혁신, 성과, 열정을 중요시하는 브랜드로, "Just Do It" 슬로건은 이러한 가치를 잘 반영하고 있다.

사례: Apple – "Think Different"

● **슬로건 설명**

"Think Different"는 Apple이 1997년에 도입한 슬로건으로, 당시 회사의 재기를 알리는 중요한 마케팅 캠페인의 일환이었다. 이 슬로건은 Apple의 혁신성과 창의성을 강조한다.

● **분석**

- 혁신성: "Think Different"는 기존의 사고방식을 벗어나 새로운 아이디어를 추구하라는 메시지를 전달한다. Apple의 혁신적인 제품 개발 철학과 일치한다.
- 차별화: 슬로건은 Apple이 경쟁사와는 다른 특별한 브랜드임을 강조한다. 소비자에게 Apple 제품을 선택할 이유를 제공해 준다.

- 감정적 호소: "Think Different"는 창의성과 독립성을 중시하는 소비자에게 감정적으로 강하게 호소한다. Apple의 핵심 타겟층인 창의적이고 혁신적인 사람들에게 큰 공감을 이끌어낸다.
- 브랜드 가치 반영: Apple은 항상 창의성과 혁신을 중요시해 왔으며, 이 슬로건은 이러한 가치를 명확히 전달한다.

사례: McDonald's – "I'm Lovin' It"

• 슬로건 설명

"I'm Lovin' It"은 McDonald's가 2003년에 도입한 슬로건으로, 전 세계적으로 사용되고 있는 브랜드 메시지이다. 이 슬로건은 긍정적이고 즐거운 브랜드 이미지를 전달한다.

• 분석

- 감정적 호소: "I'm Lovin' It"은 즐거움과 만족감을 표현하는 긍정적인 메시지를 전달한다. McDonald's에서의 경험이 즐겁고 행복하다는 이미지를 소비자에게 심어준다.
- 젊고 활기찬 이미지: 슬로건은 젊고 활기찬 브랜드 이미지를 강조한다. 주로 젊은 소비자층을 타겟으로 한 McDonald's의 마케팅 전략과 일치한다.
- 글로벌 적용성: 슬로건은 간결하고 명확하며, 여러 언어로 쉽게 번역될 수 있어 글로벌 마케팅에 적합하다.
- 브랜드 가치 반영: McDonald's는 즐거운 식사 경험과 일관된 품질을 제공하는 것을 목표로 하며, 이 슬로건은 이러한 가치를 잘 반영한다.

사례: LG전자(LG Electronics) – "Life's Good"

- **슬로건 설명**

"Life's Good"은 LG전자의 슬로건으로, LG 제품을 통해 삶이 더욱 풍요롭고 즐거워진다는 메시지를 전달한다.

- **분석**

- 감정적 호소: 슬로건은 삶의 질을 향상시키고, 행복감을 주는 제품을 강조하여 소비자와의 감정적 연결을 강화한다.
- 긍정적 이미지: "Life's Good"은 긍정적이고 행복한 이미지를 소비자에게 전달한다.
- 브랜드 가치 반영: LG전자는 소비자 중심의 가치를 중요시하며, 이 슬로건은 그러한 브랜드 가치를 명확히 반영한다.
- 글로벌 적용성: 슬로건은 단순하고 기억하기 쉬우며, 다양한 문화권에서 긍정적으로 받아들여질 수 있다.

사례: 배달의 민족 – "우리가 어떤 민족입니까?"

- **슬로건 설명**

"우리가 어떤 민족입니까?" 이 슬로건은 유머를 바탕으로 하면서도 한국인들의 민족적 자부심과 "배달" 문화에 대한 애정을 강조한다. "배달의 민족"이라는 표현을 통해, 한국인들이 얼마나 배달을 잘 이용하고 사랑하는지, 그리고 그 문화가 얼마나 뿌리 깊은지를 강조한다.

- **분석**

- 한국인의 문화적 특성 반영

한국은 다른 나라에 비해 배달 문화가 매우 발달한 나라이다. 그만큼 배달을 생활의 일부분으로 여기며, 빠르고 효율적인 배달 서비스가 중요한 가치로 자리잡고 있다. "우리가 어떤 민족입니까?"라는 질문은 배달의 민족이 이 문화를 자랑스럽게 여긴다는 메시지를 담고 있다.

- 배달의 민족의 역할 강조

배달의 민족은 배달이라는 분야에서 혁신을 일으킨 회사이다. 이 슬로건을 통해 자신들이 "배달의 민족"이라는 아이덴티티를 대표한다는 점을 강조한다. 한국에서 배달이 중요한 부분을 차지하는 만큼, 배달의 민족은 그 문화를 선도하는 기업으로 자리잡고 있다.

- 마케팅 전략

배달의 민족은 이 슬로건을 통해 한국인의 정체성과 "배달" 문화를 연결짓고, 이를 통해 브랜드의 고유성과 차별화된 가치를 소비자들에게 전달하고 있다. 슬로건을 단순히 "배달"이라는 서비스를 넘어서, "우리 민족의 자랑"으로 확장한 것이다.

- 왕라오지(Wang Lao Ji, 중국): "처음에 뜨거울땐 왕라오지를 마셔라"

  왕라오지(王老吉)는 중국의 대표적인 허브 음료 브랜드로, 건강과 웰빙을 강조하는 음료를 제공한다. 전통적인 중국 허브 성분을 기반으로 한 음료로, 특히 더운 여름철에 시원하게 마시기 좋은 음료로 인기가 많다. 왕라오지는 "처음에 뜨거울 땐 왕라오지를 마셔라"라는 마케팅 캠페인으로 유명하며, 중국 내에서뿐만 아니라 해외 시장에도 진출하여 브랜드 인지도를 넓히고 있다. 건강 음료 시장에서 왕라오지는 전통과 현대적인 요소를 결합한 제품으로 많은 사랑을 받고 있다.

① 브랜드 역사와 배경

왕라오지는 1828년에 설립된 중국의 전통적인 허브 음료 브랜드이다. 창립 초기에는 중국의 전통 의약에 뿌리를 둔 허브 음료로, 건강과 웰빙을 강조하는 제품으로 소비자들에게 사랑을 받았다. 시간이 지나면서 왕라오지는 다양한 제품 라인을 출시하며, 중국뿐만 아니라 국제 시장에서도 그 존재감을 넓혔다.

② 마케팅 전략

왕라오지는 전통적인 허브 음료라는 점에서 차별화된 마케팅 전략을 펼쳤다. 특히, 현대적인 소비자들, 특히 젊은 세대와의 연결을 강화하기 위해 다양한 마케팅 기술을 활용하고 있다.

• 브랜드 이미지: 전통과 현대의 결합

왕라오지는 전통적인 허브 성분을 현대적인 방식으로 해석하고, 소비자에게 건강과 웰빙을 강조하는 메시지를 전달한다. 또한, 브랜드의 로고와 디자인은 고유의 전통적인 요소를 유지하면서도 젊은 층을 겨냥한 세련된 이미지를 부각시킨다.

• 디지털 마케팅

① 왕라오지는 소셜 미디어와 온라인 플랫폼을 적극 활용하여 브랜드를 홍보한다. 특히, 중국 내의 인기 SNS인 웨이보(Weibo)와 위챗(WeChat) 등을 통해 젊은 소비자들과 소통하며, 각종 이벤트나 프로모션을 통해 소비자 참여를 유도한다.

② '왕라오지'는 최근 중국의 "건강" 트렌드를 반영하여, 웰빙, 다이어트 및 스트레스 해소에 좋은 음료로 포지셔닝했다.

• 캠페인: "처음에 뜨거울땐 왕라오지를 마셔라"

왕라오지는 상초열 예방 음료의 이미지를 내세운 "처음에 뜨거울땐 왕라오지를 마셔라"라는 캠페인을 통해, 여름철 더운 날씨에 시원하게 마시기 좋은 음료로서의 이미지를 강조했다. 이 캠페인은 소비자들에게 왕라오지가 단순한 건강 음료에 그치지 않고, 뜨거운 날씨에 적합한 갈증 해소 음료라는 인식을 심어주었다. 이를 통해 왕라오지는 계절적인 특성과 소비자들의 감성을 반영한 전략을 취하며 브랜드 충성도를 높이고, 여름철 매출 상승에 기여한 것으로 평가된다. 광고에서도 중국인들이 즐겨 먹는 훠궈 'Hot pot'을 먹을 때나 펄펄 끓는 음식 먹을땐 왕라오지가 필요하게 만드는 효과를 보여주어 콜라나 기존 음료와의 차별성을 강조하였다.

● 결론

왕라오지는 전통적인 허브 음료로서 중국에서 오랜 역사를 자랑하는 브랜드이다. 이 브랜드는 전통과 현대를 결합한 마케팅 전략을 통해, 건강 음료로서의 이미지를 강화하고 있으며, 글로벌 시장에서도 그 영향력을 확장하고 있다. 왕라오지의 사례는 브랜드 슬로건이 소비자에게 얼마나 중요한지를 잘 보여준다. 특히, 기존의 량차(凉茶) 이미지를 강화시키며, 소비자에게 건강 차로서의 포지셔닝을 성공적으로 이루어냈다. 왕라오지는 슬로건을 통해 "몸에 열을 낮추는 건강차"라는 이미지를 만들어내며, 간편하게 건강을 챙길 수 있는 음료로 자리매김하고 있다.

Work Sheet - 03

교과목:

학번:

이름:

브랜드 아이덴티티에 대해 작성하시오.

1. 브랜드 아이덴티티의 정의?

2. 브랜드 아이덴티티의 중요성?

3. 브랜드 컬러의 중요성?

CHAPTER

04

브랜드 경험과 고객 참여

고객 참여와 커뮤니티 구축은 브랜드와 고객 간의 강력한 유대 관계를 형성하고, 고객 충성도를 높이는 데 중요한 역할을 한다. 효과적인 고객 참여 전략을 통해 고객의 적극적인 참여를 유도하고, 커뮤니티를 구축하여 고객 간의 상호작용을 촉진함으로써 브랜드의 성공을 도모할 수 있다.

고객이 브랜드와 상호작용하는 모든 단계를 시각적으로 표현하여, 고객 경험을 전체적으로 이해하고 개선할 수 있는 강력한 도구이다.

고객 중심의 사고를 촉진하고, 문제점을 식별하며, 더 나은 고객 경험을 제공할 수 있다. 체계적인 고객을 통해 브랜드는 고객 만족도와 충성도를 높이고, 시장에서 경쟁 우위를 확보할 수 있다.

—

브랜드 경험과 고객 참여

브랜드 경험과 고객 참여는 브랜드와 고객 간의 깊은 관계를 형성하고, 고객 충성도를 높이는 데 중요한 역할을 한다. 이 장에서는 고객 경험 디자인, 브랜드 터치포인트 관리, 고객 참여와 커뮤니티 구축에 대해 설명한다.

1 고객 경험 디자인의 중요성

고객 경험 디자인은 고객이 브랜드와 상호작용하는 모든 접점에서 긍정적이고 일관된 경험을 제공하는 것을 목표로 한다. 고객 만족도와 충성도를 높이고, 브랜드의 긍정적인 이미지를 강화하는 데 중요하다.

2 고객 경험 디자인의 요소

효과적인 고객 경험 디자인은 다음과 같은 요소를 포함한다.

- **사용자 중심 접근(User-Centered Approach)**: 고객의 요구와 기대를 중심으로 디자인을 설계한다. 고객의 피드백을 수집하고 분석하여 반영하는 것을 포함한다.

- **일관성(Consistency)**: 모든 접점에서 일관된 브랜드 메시지와 이미지를 제공해야 한다. 로고, 색상, 타이포그래피, 톤 등 시각적 요소뿐만이 아니라 서비스의 품질과 태도에서도 일관성을 유지해야 한다.
- **편의성(Convenience)**: 고객이 브랜드와 상호작용하는 과정이 쉽고 편리하도록 디자인한다. 웹사이트의 네비게이션, 매장의 레이아웃, 고객 서비스 프로세스 등을 포함한다.
- **감정적 연결(Emotional Connection)**: 고객과의 감정적 연결을 강화하는 요소를 디자인에 포함한다. 스토리텔링, 브랜드의 가치와 미션, 사회적 책임 활동 등을 통해 이루어질 수 있다.

3 고객 경험 디자인 프로세스

- **고객 조사 및 분석**: 고객의 요구, 기대, 행동 패턴을 이해하기 위해 조사를 실시한다. 이는 설문 조사, 인터뷰, 사용자 테스트 등을 포함할 수 있다.
- **고객 여정 맵(Customer Journey Map) 작성**: 고객이 브랜드와 상호작용하는 모든 접점을 시각적으로 표현하여 고객 여정을 이해한다. 문제점과 개선 기회를 식별하는 데 도움을 준다.
- **경험 설계(Experience Design)**: 고객 여정 맵을 바탕으로 각 접점에서의 경험을 설계한다. 시각적 디자인, 서비스 프로세스, 커뮤니케이션 전략 등을 포함한다.
- **프로토타입 제작 및 테스트**: 설계된 경험을 기반으로 프로토타입을 제작하고, 실제 고객을 대상으로 테스트를 실시한다. 이를 통해 개선점을 식별하고 수정한다.
- **실행 및 모니터링**: 최종 디자인을 실행하고, 지속적으로 모니터링하여 고객 경험을 최적화한다. 정기적인 피드백 수집과 분석을 통해 이루어진다.

4 브랜드 터치포인트의 정의

브랜드 터치포인트는 고객이 브랜드와 상호작용하는 모든 접점을 의미한다. 광고, 웹사이트, 소셜 미디어, 매장, 고객 서비스 등 다양한 접점을 포함한다. 효과적인 터치포인트 관리는 일관된 브랜드 경험을 제공하는 데 중요하다.

1) 브랜드 터치포인트의 유형

브랜드 터치포인트는 크게 다음과 같은 유형으로 분류할 수 있다.

- **디지털 터치포인트**: 웹사이트, 모바일 앱, 소셜 미디어, 이메일 등 디지털 채널을 통한 상호작용.
- **물리적 터치포인트**: 매장, 제품 포장, 이벤트, 광고판 등 물리적 공간에서의 상호작용.
- **사람 중심 터치포인트**: 고객 서비스, 직원과의 상호작용, 콜센터 등 사람과의 직접적인 상호작용.

2) 브랜드 터치포인트 관리 방법

- **터치포인트 식별**: 고객이 브랜드와 상호작용하는 모든 터치포인트를 식별한다. 고객 여정 맵을 통해 시각화할 수 있다.
- **일관된 경험 제공**: 모든 터치포인트에서 일관된 브랜드 메시지와 이미지를 제공하도록 관리한다. 브랜드 가이드라인을 통해 이루어질 수 있다.
- **고객 피드백 수집**: 각 터치포인트에서의 고객 경험에 대한 피드백을 정기적으로 수집한다. 설문 조사, 리뷰, 소셜 미디어 모니터링 등을 통해 가능하다.
- **개선 및 최적화**: 수집된 피드백을 바탕으로 터치포인트를 지속적으로 개선하고 최적화한다. 고객의 요구와 기대에 부응하는 경험을 제공하는 데 중요하다.

- **성과 측정**: 각 터치포인트에서의 성과를 측정하고 분석하여 브랜드 경험의 효과를 평가한다. KPI(Key Performance Indicators)를 설정하고 모니터링하는 것을 포함한다.

3) 고객 참여와 커뮤니티 구축

(1) 고객 참여의 중요성

고객 참여는 고객이 브랜드와 상호작용하고, 브랜드 활동에 적극적으로 참여하는 것을 의미한다. 고객 참여는 브랜드 충성도를 높이고, 긍정적인 입소문을 유도하며, 브랜드 커뮤니티를 구축하는 데 중요하다.

(2) 고객 참여의 이점

- **브랜드 충성도 강화**: 적극적으로 참여하는 고객은 브랜드에 대한 충성도가 높아진다. 반복 구매와 장기적인 고객 관계로 이어진다.
- **긍정적 입소문**: 참여하는 고객은 자신의 경험을 다른 사람들과 공유하며, 이는 긍정적인 입소문으로 이어진다.
- **고객 인사이트 제공**: 참여하는 고객은 브랜드에 대한 피드백과 아이디어를 제공하여 제품 및 서비스 개선에 도움을 준다.
- **감정적 유대 강화**: 고객 참여는 고객과 브랜드 간의 감정적 유대를 강화하여, 고객이 브랜드를 더 깊이 신뢰하고 애착을 가지도록 한다.

(3) 고객 참여 전략

고객 참여를 촉진하기 위해 다양한 전략을 사용할 수 있다.
주요 고객 참여 전략은 다음과 같다.

- **소셜 미디어 활용**

① 활동적인 소셜 미디어 운영: 소셜 미디어 플랫폼을 통해 고객과의 상호작

용을 촉진하고, 참여를 유도한다. 예를 들어, 콘텐츠 공유, 댓글, 메시지 응답 등을 통해 이루어질 수 있다.

② **콘텐츠 생성 및 공유**: 흥미롭고 유익한 콘텐츠를 생성하여 고객의 참여를 유도한다. 예를 들어, 블로그 게시물, 동영상, 인포그래픽 등을 통해 정보를 공유한다.

③ **이벤트 및 캠페인**: 소셜 미디어를 통해 이벤트와 캠페인을 기획하고, 고객의 참여를 유도한다. 예를 들어, 사진 콘테스트, 해시태그 챌린지 등을 통해 고객이 적극적으로 참여하도록 한다.

(4) 고객 피드백 장려

- **피드백 시스템 구축**: 고객의 의견을 적극적으로 수렴하고 반영하는 시스템을 구축한다. 설문 조사, 리뷰, 피드백 폼 등을 통해 가능하다.

- **피드백 보상**: 고객이 피드백을 제공하면 보상을 제공하여 참여를 장려한다. 할인 쿠폰, 포인트 적립 등을 통해 피드백 제공에 대한 보상을 제공한다.

- **피드백 반영**: 고객의 피드백을 실제 제품과 서비스 개선에 반영하고, 그 결과를 고객에게 알린다. 고객이 자신의 의견이 가치 있게 반영되고 있음을 느끼게 한다.

(5) 참여형 캠페인

- **참여형 이벤트 기획**: 고객이 브랜드 활동에 직접 참여할 수 있는 이벤트를 기획한다. 예를 들어, 워크샵, 세미나, 제품 체험 행사 등을 통해 고객이 적극적으로 참여하도록 한다.

- **콘테스트 및 경품 이벤트**: 콘테스트와 경품 이벤트를 통해 고객의 참여를 유도한다. 예를 들어, 사진 콘테스트, 글쓰기 대회 등을 통해 고객이 자신의 창의력을 발휘할 수 있도록 한다.

(6) 보상 프로그램 운영

- **로열티 프로그램**: 고객의 반복 구매를 장려하기 위해 로열티 프로그램을 운영한다. 예를 들어, 포인트 적립, 멤버십 할인 등을 통해 고객의 충성도를 높인다.
- **참여 보상 시스템**: 고객이 브랜드 활동에 참여할 때 보상을 제공하는 시스템을 운영한다. 예를 들어, 제품 리뷰 작성 시 포인트 적립, 이벤트 참여 시 할인 쿠폰 제공 등을 통해 참여를 장려한다.

5 커뮤니티 구축의 중요성

브랜드 커뮤니티는 브랜드를 중심으로 형성된 고객들의 그룹으로, 브랜드에 대한 충성도가 높고, 활발한 상호작용을 한다. 커뮤니티 구축은 고객 참여를 촉진하고, 브랜드 충성도를 강화하는 데 중요하다.

1) 커뮤니티 구축의 이점

- **강한 브랜드 유대감**: 커뮤니티는 고객 간의 상호작용을 통해 브랜드에 대한 강한 유대감을 형성한다.
- **고객 충성도 강화**: 커뮤니티 회원들은 브랜드에 대한 충성도가 높으며, 반복 구매와 긍정적인 입소문을 유도한다.
- **고객 인사이트 제공**: 커뮤니티는 브랜드에 대한 피드백과 아이디어를 제공하여 제품 및 서비스 개선에 도움을 준다.
- **브랜드 홍보**: 커뮤니티 회원들은 브랜드에 대한 긍정적인 경험을 공유하며, 자연스럽게 브랜드를 홍보한다.

2) 커뮤니티 구축 방법

(1) 플랫폼 선택

커뮤니티를 운영할 플랫폼을 선택한다. 소셜 미디어 그룹, 온라인 포럼, 전용 앱 등을 포함할 수 있다. 각 플랫폼의 특성을 고려하여 적합한 플랫폼을 선택한다.

(2) 명확한 목적 설정

커뮤니티의 목적과 목표를 명확히 설정하고, 이를 중심으로 활동을 계획한다. 예를 들어, 제품에 대한 정보를 공유하거나, 고객 간의 네트워킹을 촉진하는 목적을 설정할 수 있다.

(3) 활동 계획 및 실행

커뮤니티 내에서 정기적인 활동을 계획하고 실행한다. 이벤트, 토론, 챌린지 등을 포함할 수 있다. 정기적인 활동을 통해 회원들의 참여를 유도하고, 커뮤니티의 활력을 유지한다.

(4) 참여 유도

회원들의 참여를 유도하기 위해 다양한 참여 기회를 제공하고, 참여를 장려하는 보상 시스템을 운영한다. 예를 들어, 활동적인 회원에게 포인트를 적립하거나, 참여도에 따라 혜택을 제공할 수 있다.

(5) 피드백 수렴 및 개선

커뮤니티 회원들의 피드백을 수렴하고, 이를 바탕으로 커뮤니티 활동과 운영 방식을 지속적으로 개선한다. 회원들의 의견을 반영하여 커뮤니티의 만족도를 높이고, 활발한 상호작용을 촉진한다.

6 고객 여정 맵의 정의

고객 여정 맵은 고객이 브랜드와 처음 접촉하는 순간부터 구매 후 서비스에 이르기까지의 모든 단계를 시각적으로 나타낸 것이다. 고객의 기대, 요구, 감정, 행동을 포함하여 고객 경험을 전반적으로 이해할 수 있도록 도와준다.

1) 고객 여정 맵의 중요성

- **고객 중심적 사고 촉진**: 고객 여정 맵은 기업이 고객의 관점에서 브랜드 경험을 이해하도록 돕는다.
- **문제점 식별**: 고객 여정의 각 접점에서 발생할 수 있는 문제점을 시각화하여 식별하고 개선할 수 있다.
- **개선 기회 발견**: 고객 여정 맵을 통해 고객 경험을 개선할 수 있는 기회를 발견할 수 있다.
- **일관된 경험 제공**: 모든 접점에서 일관된 브랜드 경험을 제공하는 데 도움을 준다.
- **팀 간 협력 강화**: 다양한 부서가 고객 경험을 공유하고 협력하여 개선 방안을 마련할 수 있다.

2) 고객 여정 맵의 구성 요소

고객 여정 맵은 일반적으로 다음과 같은 구성 요소로 이루어진다.

(1) 단계(Stages)

고객 여정 맵은 고객이 브랜드와 상호작용하는 주요 단계를 정의한다. 일반적으로 다음과 같은 단계로 나눌 수 있다.
- **인식(Awareness)**: 고객이 브랜드를 처음 인식하고 관심을 가지는 단계.
- **고려(Consideration)**: 고객이 브랜드와 제품을 고려하고 비교하는 단계.

- **구매(Purchase)**: 고객이 실제로 제품을 구매하는 단계.
- **사용(Use)**: 고객이 제품을 사용하고 경험하는 단계.
- **유지 및 충성도(Retention & Loyalty)**: 고객이 브랜드에 만족하고 충성도를 가지는 단계.
- **추천(Advocacy)**: 고객이 브랜드를 다른 사람에게 추천하는 단계.

(2) 고객 행동(Customer Actions)

각 단계에서 고객이 취하는 구체적인 행동을 나열한다. 제품 검색, 웹사이트 방문, 구매 결정을 위한 상담 등.

(3) 접점(Touchpoints)

고객이 브랜드와 상호작용하는 모든 접점을 정의한다. 광고, 웹사이트, 매장, 소셜 미디어, 고객 서비스 등 다양한 접점을 포함한다.

(4) 감정(Emotions)

각 단계에서 고객이 느끼는 감정과 경험을 시각적으로 표시한다. 긍정적인 감정(기쁨, 만족)과 부정적인 감정(실망, 좌절) 모두를 포함한다.

(5) 기대(Expectations)

각 단계에서 고객이 가지고 있는 기대를 명시한다. 고객이 브랜드와 상호작용할 때 무엇을 기대하는지를 나타낸다.

(6) 문제점(Pain Points)

고객이 각 단계에서 겪을 수 있는 문제점이나 불만사항을 파악한다. 개선이 필요한 영역을 나타낸다.

(7) 기회(Opportunities)

각 단계에서 고객 경험을 개선할 수 있는 기회를 도출한다. 고객의 기대를 초과할 수 있는 방법을 포함한다.

7 고객 여정 맵 작성 과정

고객 여정 맵을 작성하는 과정은 다음과 같다.

1) 목표 설정

고객 여정 맵의 목표를 설정한다. 특정 제품이나 서비스의 고객 경험을 개선하거나, 전체적인 브랜드 경험을 향상시키는 목표일 수 있다.

2) 고객 페르소나 정의

대표적인 고객 유형(페르소나)을 정의한다. 다양한 고객 그룹을 대상으로 작성할 수 있으며, 각 그룹의 특성과 요구를 반영한다.

3) 데이터 수집

고객 인터뷰, 설문 조사, 사용성 테스트, 웹 분석 등을 통해 고객의 행동과 감정에 대한 데이터를 수집한다. 이를 통해 고객의 실제 경험을 기반으로 한 여정 맵을 작성할 수 있다.

4) 단계 정의

고객 여정의 주요 단계를 정의한다. 고객이 브랜드와 상호작용하는 중요한 순간들을 포괄한다.

5) 각 단계의 구성 요소 작성

각 단계에서 고객의 행동, 접점, 감정, 기대, 문제점, 기회를 작성한다. 이를 통해 고객 여정을 시각적으로 표현한다.

6) 시각화

수집된 데이터를 바탕으로 고객 여정 맵을 시각적으로 작성한다. 도표, 차트, 그림 등을 활용하여 시각적으로 쉽게 이해할 수 있도록 구성한다.

7) 분석 및 개선

작성된 고객 여정 맵을 분석하여 문제점을 식별하고, 개선 방안을 마련한다. 이를 통해 더 나은 고객 경험을 제공할 수 있다.

8 고객 여정 맵 예시

예시로 전자제품 구매 과정에 대한 고객 여정 맵을 작성해 본다.

1) 인식(Awareness)

- **행동**: 광고를 통해 브랜드를 처음 인식, 친구의 추천 듣기.
- **접점**: TV 광고, 소셜 미디어, 친구의 입소문.
- **감정**: 호기심, 관심.
- **기대**: 혁신적이고 고품질의 제품.
- **문제점**: 광고의 과장된 표현으로 인한 신뢰 부족.
- **기회**: 실제 사용자 리뷰와 추천 제공.

2) 고려(Consideration)

- **행동**: 제품 비교, 리뷰 읽기, 매장 방문.

- **접점**: 브랜드 웹사이트, 리뷰 사이트, 매장.
- **감정**: 기대, 고민.
- **기대**: 신뢰할 수 있는 정보 제공, 친절한 상담.
- **문제점**: 정보의 과부하, 선택의 어려움.
- **기회**: 비교 도구 제공, 개인 맞춤형 추천.

3) 구매(Purchase)

- **행동**: 온라인 주문, 매장에서 구매.
- **접점**: 온라인 스토어, 오프라인 매장.
- **감정**: 기대, 만족.
- **기대**: 간편한 구매 과정, 빠른 배송.
- **문제점**: 복잡한 결제 과정, 배송 지연.
- **기회**: 간편 결제 옵션 제공, 실시간 배송 추적.

4) 사용(Use)

- **행동**: 제품 사용, 문제 발생 시 고객 지원 요청.
- **접점**: 제품 매뉴얼, 고객 서비스.
- **감정**: 만족, 실망(문제 발생 시).
- **기대**: 사용의 편리함, 신속한 문제 해결.
- **문제점**: 복잡한 사용법, 느린 고객 지원.
- **기회**: 직관적인 사용 가이드, 빠른 고객 지원.

5) 유지 및 충성도(Retention & Loyalty)

- **행동**: 제품 재구매, 브랜드 소식 구독.
- **접점**: 이메일 뉴스레터, 로열티 프로그램.

- **감정**: 만족, 충성.
- **기대**: 지속적인 혜택 제공, 제품 개선.
- **문제점**: 혜택 부족, 제품 개선 피드백 반영 부족.
- **기회**: 로열티 프로그램 강화, 피드백 기반 제품 개선.

6) 추천(Advocacy)

- **행동**: 제품 리뷰 작성, 친구에게 추천.
- **접점**: 소셜 미디어, 리뷰 사이트.
- **감정**: 자부심, 기쁨.
- **기대**: 추천에 대한 보상, 긍정적인 피드백.
- **문제점**: 추천에 대한 보상 부족, 부정적 리뷰 처리.
- **기회**: 추천 보상 프로그램, 부정적 리뷰 대응 시스템.

CASE STUDY

• 노티드 도넛(Knotted Donuts[10], 한국): 노티드 도넛은 이색적인 맛과 디자인으로 MZ세대 사이에서 인기를 끌고 있으며, 팝업 스토어와 협업을 통해 브랜드 경험을 강화하고 있다. 고객이 직접 도넛을 선택하고 커스터마이징할 수 있는 경험을 제공하는 것이 특징이다.

---

10 **노티드 도넛:** 황순영. (2022). 카페 공간 마케팅 전략과 BX(Brand Experience)를 통한 브랜드 인지분석: 카페 '노티드'를 중심으로. 숙명디자인학연구, *32*, 108-121.

• 노티드 도넛(Knotted Donuts) 브랜드 역사

노티드 도넛(Knotted Donuts)은 2018년 한국에서 탄생한 도넛 브랜드로, 도넛의 맛과 비주얼을 독특하게 결합하여 빠르게 MZ세대 사이에서 인기를 끌었다. 노티드 도넛은 일반적인 도넛을 넘어서, 마치 예술 작품처럼 보이는 감각적인 디자인과 풍부한 맛으로 큰 주목을 받았다. 또한, 젊은 세대의 트렌드를 반영한 비주얼과 감각적인 브랜딩이 이 브랜드의 급성장 배경이다.

• 마케팅 성공의 배경

노티드 도넛의 성공은 **고객 참여를 중시한 브랜드** 경험에 기초하고 있다. 단순히 도넛을 판매하는 것을 넘어서, 고객이 브랜드와 직접 상호작용하고, 특별한 경험을 할 수 있도록 다양한 마케팅 전략을 펼치고 있다.

① 이색적인 디자인과 맛: 노티드 도넛은 인스타그램 등 소셜 미디어에서 '인스타그래머블(instagrammable)'한 비주얼을 자랑한다. 독특하고 귀여운 도넛 디자인은 젊은 층 사이에서 인기를 끌며, 자발적인 소셜 미디어 공유를 유도한다. 소비자들은 노티드 도넛을 구매한 후 그 경험을 사진으로 남기고, 이를 공유하며 자연스럽게 브랜드의 홍보 효과가 극대화된다.

② 팝업 스토어와 협업: 노티드 도넛은 정기적으로 팝업 스토어를 운영하며, **한정판 제품과 협업**을 통해 소비자에게 새로운 경험을 제공한다. 브랜드는 도넛 외에도 음료, 디저트 등과의 협업을 통해 다양한 브랜드와 함께 특별한 경험을 창출한다. 이러한 팝업 스토어는 고객들에게 새로운 공간에서 독특한 브랜드 경험을 제공하며, 지속적인 관심을 이끌어낸다.

③ 커스터마이징 경험: 노티드 도넛은 고객이 **도넛을 직접 선택하고 커스터마이징**할 수 있는 경험을 제공한다. 고객들은 다양한 토핑과 소스를 선택해 자신만의 도넛을 만들 수 있으며, 소비자들에게 단순한 구매를 넘어선 **참여형 경험**을 제공한다. 이러한 맞춤형 도넛 경험은 소비자들에게 개별화된 경험을 선사하여 브랜드 충성도를 높이는 데 기여한다.

• 브랜드의 특별한 점

노티드 도넛은 특히 **소셜 미디어 친화적인 비주얼과 고객 경험**을 강화하는 마케팅 전략으로 주목받고 있다. MZ세대는 **브랜드 경험**에 대해 강한 가치를 두며, 단순히 맛있는 도넛을 제공하는 것을 넘어, 브랜드 자체가 제공하는 **이야기와 경험**에 중점을 둔다.

또한, **현장 참여형 이벤트**나 **콜라보레이션 상품**을 통한 소비자와의 소통을 강조하며, 매장을 방문하는 것만으로도 특별한 브랜드 경험을 제공하는 것이 노티드 도넛의 차별화 요소이다. 이를 통해 소비자들은 단순한 상품 구매를 넘어 브랜드 자체와의 상호작용을 더 깊이 경험하게 된다.

• 결론

노티드 도넛은 단순한 도넛 브랜드를 넘어, 고객이 직접 브랜드 경험에 참여할 수 있도록 설계된 독특한 마케팅 전략을 통해 급성장한 사례이다. **시각적 요소와 참여형 경험**을 결합한 브랜딩은 MZ세대에게 큰 호응을 얻고 있으며, 팝업 스토어와 협업을 통해 끊임없이 새로운 경험을 제공하고 있다. 앞으로도 노티드 도넛은 **고객 참여 중심의 브랜드 경험**을 통해 더욱 성장할 가능성이 크다.

Work Sheet - 04

교과목:

학번:

이름:

브랜드 경험과 고객 참여에 대해 작성하시오.

1. 고객 경험 디자인의 중요성?

2. 고객 경험 디자인의 요소?

3. 고객 참여의 중요성?

CHAPTER

05

디지털 마케팅과 브랜드

디지털 마케팅과 브랜드는 현대 비즈니스 환경에서 불가분의 관계를 가지고 있으며, 디지털 마케팅은 브랜드를 강화하고 소비자와의 관계를 더욱 밀접하게 만드는 핵심 도구로 자리잡았다. 디지털 기술의 발전과 함께 브랜드는 소비자와의 상호작용 방식을 혁신하고, 더 개인화된 경험을 제공할 수 있게 되었다.

디지털 마케팅 전략의 중요한 구성 요소로 브랜드 인지도를 높이고, 고객 참여를 촉진하며, 전환율을 향상시키는 데 기여한다.

효과적인 콘텐츠 마케팅 전략을 통해 유용하고 일관된 콘텐츠를 제작하고 배포함으로써 고객의 관심을 끌고 유지할 수 있다. 전략을 통해 검색 엔진에서의 가시성과 순위를 높여 더 많은 트래픽을 유도하고, 브랜드 노출을 증가시킬 수 있다.

디지털 마케팅과 브랜드

디지털 마케팅은 브랜드가 디지털 채널을 통해 고객과 소통하고, 브랜드 가치를 전달하는 데 중요한 역할을 한다. 이 장에서는 디지털 마케팅의 핵심 요소인 소셜 미디어 마케팅에 대하여 알아보고자 한다.

디지털 마케팅은 브랜드와 소비자 간의 관계를 더욱 밀접하게 만들어주는 중요한 도구이다. 브랜드는 더 넓은 소비자에게 도달하고, 개인화된 경험을 제공하며, 실시간으로 소통할 수 있다. 디지털 마케팅을 효과적으로 활용하는 브랜드는 변화하는 시장 환경에서 경쟁력을 유지하고 지속 가능한 성장을 이룰 수 있다.

디지털 마케팅과 브랜드는 현대 비즈니스 환경에서 불가분의 관계를 가지고 있으며, 디지털 마케팅은 브랜드를 강화하고 소비자와의 관계를 더욱 밀접하게 만드는 핵심 도구로 자리잡았다. 디지털 기술의 발전과 함께 브랜드는 소비자와의 상호작용 방식을 혁신하고, 더 개인화된 경험을 제공할 수 있게 되었다.

디지털 마케팅 전략의 중요한 구성 요소로 브랜드 인지도를 높이고, 고객 참여를 촉진하며, 전환율을 향상시키는 데 기여한다. 효과적인 콘텐츠 마케팅 전략을 통해 유용하고 일관된 콘텐츠를 제작하고 배포함으로써 고객의 관심을 끌고 유지할 수 있다. 전략을 통해 검색 엔진에서의 가시성과 순위를 높여 더 많은 트래픽을 유도하고, 브랜드 노출을 증가시킬 수 있다.

1 디지털 마케팅의 정의

디지털 마케팅은 인터넷을 포함한 디지털 채널을 통해 제품이나 서비스를 홍보하고, 소비자와 소통하는 마케팅 활동을 의미한다. 웹사이트, 소셜 미디어, 이메일, 검색 엔진, 모바일 앱 등을 통해 이루어지며, 브랜드 인지도를 높이고 판매를 촉진하는 데 활용된다.

2 디지털 마케팅이 브랜드에 미치는 영향

1) 브랜드 인지도 확대

- **광범위한 도달**: 디지털 마케팅을 통해 전 세계적으로 브랜드 메시지를 확산할 수 있다. 특히 소셜 미디어나 검색 엔진 광고는 전통적인 마케팅 방식보다 더 넓은 소비자에게 도달할 수 있는 강력한 도구이다.
- **효율적인 타겟팅**: 디지털 마케팅은 소비자의 나이, 성별, 위치, 관심사 등 다양한 데이터를 기반으로 한 정교한 타겟팅이 가능하여, 브랜드 메시지를 전달할 대상 고객을 정확히 선정할 수 있다.

2) 브랜드 정체성 강화

- **일관된 메시지 전달**: 여러 디지털 채널에서 브랜드가 일관된 목소리와 메시지를 전달함으로써 소비자에게 강력한 브랜드 이미지를 형성할 수 있다. 예를 들어, 웹사이트, 소셜 미디어, 이메일 캠페인에서 동일한 톤과 메시지를 유지함으로써 브랜드 인식을 강화할 수 있다.

- **비주얼 브랜딩**: 디지털 플랫폼을 통해 브랜드의 로고, 색상, 슬로건 등 시각적 요소를 소비자에게 지속적으로 노출하여 인지도를 높인다. 이를 통해 브랜드 정체성을 시각적으로 강화할 수 있다.

3) 소비자 참여와 피드백

- **실시간 소통**: 디지털 마케팅은 브랜드와 소비자 간의 즉각적인 소통을 가능하게 한다. 소셜 미디어나 실시간 채팅을 통해 소비자는 질문, 피드백, 불만 사항을 즉시 전달할 수 있고, 브랜드는 이에 신속하게 응답할 수 있다. 이러한 상호작용은 소비자 충성도를 높이는 데 중요한 역할을 한다.
- **소비자 참여 유도**: 소셜 미디어에서 소비자가 브랜드 콘텐츠를 공유하거나 의견을 남기는 등 직접 참여할 수 있는 기회를 제공한다. 이를 통해 소비자는 브랜드의 일부가 되는 경험을 하며, 브랜드에 대한 감정적 유대감을 형성하게 된다.

4) 데이터 기반 마케팅

- **소비자 행동 분석**: 디지털 마케팅에서는 소비자의 온라인 활동을 분석해 그들의 행동 패턴, 선호도, 요구를 파악할 수 있다. 이러한 데이터를 기반으로 브랜드는 더 나은 제품, 서비스를 제공할 수 있으며, 맞춤형 마케팅 전략을 수립할 수 있다.
- **실시간 성과 측정**: 디지털 마케팅은 캠페인의 성과를 실시간으로 측정할 수 있는 장점이 있다. 웹사이트 트래픽, 클릭률, 전환율 등을 모니터링하여 마케팅 전략을 즉각적으로 조정하고 최적화할 수 있다.

③ 디지털 마케팅 전략의 주요 요소

1) 소셜 미디어 마케팅

- **브랜드 홍보 및 소통**: 인스타그램, 페이스북, 트위터, 틱톡 등의 플랫폼을 통해 브랜드를 홍보하고, 소비자와의 직접적인 소통을 강화한다. 특히, 인플루언서 마케팅을 통해 타겟 소비자에게 더 자연스럽게 브랜드를 노출시킬 수 있다.

2) 검색 엔진 최적화(SEO) 및 검색 광고(SEM)

- **검색 엔진에서의 가시성**: 소비자가 구글과 같은 검색 엔진을 통해 브랜드를 쉽게 찾을 수 있도록 최적화하는 것이 중요하다. SEO는 브랜드의 웹사이트를 검색 결과 상위에 노출시켜 트래픽을 증가시키며, SEM은 유료 광고로 검색 결과에서의 가시성을 높인다.

3) 콘텐츠 마케팅

- **브랜드 가치 전달**: 블로그, 영상, 인포그래픽 등 다양한 콘텐츠 형식을 통해 소비자에게 브랜드의 가치를 전달할 수 있다. 유익하고 재미있는 콘텐츠는 소비자의 관심을 끌고, 브랜드와의 깊은 관계를 형성하는 데 도움을 준다.

4) 이메일 마케팅

- **개인화된 메시지**: 이메일 마케팅은 소비자에게 맞춤형 메시지를 제공하는 가장 직접적인 방법 중 하나이다. 구매 이력, 관심사 등을 기반으로 한 개인화된 이메일 캠페인은 높은 반응율을 이끌어낼 수 있다.

4 브랜드와 디지털 마케팅의 미래

- **인공지능(AI) 활용**: AI 기술을 활용하여 소비자의 행동을 예측하고, 맞춤형 광고 및 제품 추천을 제공하는 방식이 더욱 발전할 것이다. 이를 통해 브랜드는 소비자와의 상호작용을 더욱 개인화하고, 효율적인 마케팅 전략을 수립할 수 있다.
- **증강현실(AR) 및 가상현실(VR)**: AR/VR 기술을 통해 소비자는 가상 공간에서 브랜드와 상호작용하며, 제품을 체험하거나 몰입형 브랜드 경험을 할 수 있는 기회가 증가할 것이다.
- **소비자 참여형 마케팅**: 점점 더 많은 브랜드가 소비자 참여를 중심으로 한 마케팅 전략을 강화하고 있다. 소비자가 브랜드 캠페인에 직접 참여하거나 콘텐츠를 창출하게 하는 방식이 미래의 마케팅에서 중요한 역할을 할 것이다.

5 콘텐츠 마케팅 전략

콘텐츠 마케팅은 유용하고 일관된 콘텐츠를 제작하고 배포하여 명확하게 정의된 타겟 청중을 끌어들이고 유지하며, 궁극적으로 수익성 있는 고객 행동을 유도하는 전략이다. 콘텐츠 마케팅은 브랜드 인지도, 고객 참여, 전환율을 높이는 데 중요한 역할을 한다.

1) 콘텐츠 마케팅의 중요성

- **브랜드 인지도 향상**: 유용한 콘텐츠를 통해 브랜드를 더 많은 사람들에게 알릴 수 있다.
- **고객 참여 촉진**: 고객과의 상호작용을 통해 고객의 관심을 끌고, 브랜드와의 감정적 유대감을 강화할 수 있다.
- **신뢰 구축**: 전문가적인 콘텐츠는 브랜드에 대한 신뢰성을 높이고, 고객의

충성도를 강화한다.

- **SEO 향상**: 고품질의 콘텐츠는 검색 엔진에서 높은 순위를 차지하여 브랜드 노출을 증가시킨다.
- **리드 생성 및 전환**: 유용한 정보를 제공함으로써 잠재 고객을 유인하고, 이를 실제 고객으로 전환할 수 있다.

2) 콘텐츠 마케팅 전략 구성 요소

(1) 목표 설정

콘텐츠 마케팅의 목표를 명확히 설정한다.

예 브랜드 인지도 상승, 웹사이트 트래픽 증가, 리드 생성, 고객 전환 등.

(2) 타겟 청중 정의

콘텐츠를 소비할 타겟 청중을 정의하고, 그들의 요구와 관심사를 파악한다.

(3) 콘텐츠 유형 선정

다양한 콘텐츠 유형을 선택하여 활용한다.

예 블로그 게시물, 인포그래픽, 동영상, 팟캐스트, 전자책, 백서 등.

(4) 콘텐츠 계획 및 제작

콘텐츠 캘린더를 작성하여 일관된 주기로 콘텐츠를 제작하고 배포한다.
고품질의 유용한 콘텐츠를 제작하여 타겟 청중의 문제를 해결하고, 흥미를 유발한다.

(5) 콘텐츠 배포

블로그, 소셜 미디어, 이메일 뉴스레터, YouTube 등 다양한 채널을 통해 콘텐츠를 배포한다.

(6) 성과 측정 및 분석

주요 성과 지표(KPI)를 설정하고, 콘텐츠 마케팅의 효과를 측정하고 분석한다.

예 웹사이트 트래픽, 참여도, 전환률 등.

6 소셜 미디어 마케팅

소셜 미디어 마케팅은 소셜 미디어 플랫폼을 활용하여 브랜드를 홍보하고, 고객과 상호작용하며, 브랜드 인지도를 높이는 마케팅 전략이다. 소셜 미디어 마케팅은 고객과의 직접적인 소통을 가능하게 하며, 브랜드 충성도를 강화하는 데 중요한 역할을 한다.

1) 소셜 미디어 마케팅의 중요성

- **광범위한 도달 범위**: 소셜 미디어는 전 세계 수억 명의 사용자가 활동하는 플랫폼으로, 브랜드가 많은 사람들에게 도달할 수 있게 한다.
- **실시간 소통**: 소셜 미디어를 통해 브랜드는 고객과 실시간으로 소통할 수 있으며, 고객의 피드백을 즉각적으로 받을 수 있다.
- **브랜드 인지도 상승**: 정기적인 게시물과 캠페인을 통해 브랜드 인지도를 높이고, 잠재 고객에게 브랜드를 노출할 수 있다.
- **고객 참여 촉진**: 소셜 미디어는 고객 참여를 유도하고, 고객과의 감정적 연결을 강화하는 데 유용하다.
- **타겟 마케팅**: 소셜 미디어 광고는 특정 인구 통계, 관심사, 행동 패턴을 기반으로 한 타겟팅이 가능하여 효율적인 마케팅을 지원한다.

2) 주요 소셜 미디어 플랫폼

- **페이스북(Facebook)**: 세계에서 가장 큰 소셜 미디어 플랫폼으로, 다양

한 콘텐츠 형식을 지원하며, 세분화된 타겟팅 기능을 제공한다.

- **인스타그램(Instagram):** 시각적 콘텐츠에 중점을 둔 플랫폼으로, 이미지와 동영상을 통해 브랜드를 홍보하기에 적합하다.
- **트위터(Twitter):** 짧고 간결한 메시지를 통해 실시간 소통과 브랜드 인지도를 높이는 데 효과적이다.
- **링크드인(LinkedIn):** 비즈니스 및 전문가 네트워킹 플랫폼으로, B2B 마케팅과 브랜드 권위 구축에 유용하다.
- **유튜브(YouTube):** 동영상 콘텐츠 플랫폼으로, 교육적 콘텐츠, 제품 리뷰, 광고 등을 통해 브랜드를 홍보할 수 있다.
- **틱톡(TikTok):** 짧은 동영상 콘텐츠를 통해 빠르게 인기를 얻고 있는 플랫폼으로, 젊은 세대를 타겟으로 한 마케팅에 효과적이다.

3) 소셜 미디어 마케팅 전략

- **목표 설정:** 소셜 미디어 마케팅의 목표를 명확히 설정한다. 브랜드 인지도 상승, 웹사이트 트래픽 증가, 리드 생성, 판매 증대 등일 수 있다.
- **타겟 청중 분석:** 타겟 청중의 인구 통계, 관심사, 행동 패턴을 분석하여 적절한 소셜 미디어 플랫폼과 콘텐츠 전략을 결정한다.
- **콘텐츠 계획:** 다양한 형식의 콘텐츠(이미지, 동영상, 기사, 인포그래픽 등)를 계획하고 제작한다. 콘텐츠는 브랜드 메시지를 효과적으로 전달하고, 타겟 청중의 관심을 끌어야 한다.
- **일정 관리:** 소셜 미디어 콘텐츠 캘린더를 작성하여 일관된 게시 일정을 유지한다. 정기적인 게시물과 캠페인을 통해 청중과 지속적인 상호작용을 유지하는 데 중요하다.
- **참여 유도:** 댓글, 좋아요, 공유 등 청중의 참여를 유도하는 전략을 사용한다. 질문을 던지거나, 사용자 생성 콘텐츠를 독려하는 방식으로 이루어질 수 있다.

- **광고 캠페인**: 소셜 미디어 광고를 통해 타겟 청중에게 도달한다. 이는 페이스북 광고, 인스타그램 스폰서 게시물, 트위터 프로모션 트윗 등 다양한 형태로 진행할 수 있다.
- **성과 측정 및 분석**: 소셜 미디어 활동의 성과를 측정하고 분석한다. 주요 성과 지표(KPI)로는 참여율, 도달 범위, 클릭률, 전환률 등이 있다. 이를 통해 전략의 효과를 평가하고 개선점을 도출한다.

4) 소셜 미디어 콘텐츠 전략

- **브랜드 스토리텔링**: 브랜드의 역사, 비전, 가치를 스토리 형식으로 전달하여 감정적 연결을 강화한다.
- **비주얼 콘텐츠**: 이미지, 동영상, 인포그래픽 등 시각적 콘텐츠를 활용하여 청중의 관심을 끌고 메시지를 효과적으로 전달한다.
- **사용자 생성 콘텐츠(UGC)**: 고객이 생성한 콘텐츠를 공유하여 브랜드에 대한 신뢰성과 친밀감을 높인다. 예를 들어, 제품 리뷰, 사진 콘테스트 등을 통해 사용자 생성 콘텐츠를 유도할 수 있다.
- **라이브 스트리밍**: 실시간으로 브랜드 이벤트, Q&A 세션, 제품 런칭 등을 진행하여 실시간 참여와 상호작용을 촉진한다.
- **교육적 콘텐츠**: 튜토리얼, 하우투 가이드, 전문가 팁 등 유용한 정보를 제공하여 청중의 관심을 끌고 브랜드 권위를 강화한다.

5) 소셜 미디어 마케팅 사례

- **스타벅스(Starbucks)[11]**: 스타벅스는 소셜 미디어 마케팅을 통해 브랜

---

11 Starbucks: Pu, Y., Zaidin, N., & Zhu, Y. (2023). How do e-brand experience and in-store experience influence the brand loyalty of novel coffee brands in China? Exploring the roles of customer satisfaction and self-brand congruity. *Sustainability*, 15(2), 1096.

드 인지도를 높이고 고객과의 관계를 강화했다. 고객들이 자발적으로 음료 사진을 공유하도록 유도하는 해시태그 캠페인, 한정판 음료와 캠페인으로 참여를 이끌어냈으며, 실시간 소통을 통해 충성도를 높였다. 비주얼 중심의 콘텐츠를 활용해 음료와 컵의 매력을 강조하고, 개인화된 음료 추천과 프로모션으로 맞춤형 경험을 제공했다. 또한, 공정무역과 환경 보호 활동을 강조하며 사회적 책임을 소셜 미디어에서 알리며 소비자들의 긍정적인 반응을 얻었다.

- **델타 항공(Delta Air Lines):** 델타 항공은 트위터를 통해 고객 문의에 신속하게 응답하고, 실시간 고객 지원을 제공하여 고객 만족도를 높인다. 델타는 소셜 미디어를 이용한 위기 관리에 뛰어난 성과를 보였다. 예를 들어, 기상 악화로 인한 항공기 지연이나 대규모 공항 혼잡 상황에서 델타는 실시간으로 업데이트를 제공하고, 고객들에게 불편을 최소화하기 위해 조치를 취했다. 이처럼 빠르고 투명한 소통은 고객 신뢰를 높이고, 위기 상황에서 브랜드 충성도를 유지하는 데 기여했다.

- **스탠리 텀블러(Stanley):** 스탠리 컵은 인플루언서 마케팅을 통해 브랜드 인지도를 급상승시켰다. 다양한 인플루언서들이 인스타그램과 틱톡에서 스탠리 컵을 개성 있게 사용하며 자연스럽게 브랜드 홍보가 이루어졌다. 또한, 소셜 미디어에서 팬들과의 소통을 강화하고 맞춤형 제품을 강조한 마케팅으로 충성도를 높였다. 틱톡에서 제품 스타일링 팁과 비주얼 중심 콘텐츠가 빠르게 확산되었고, 한정판 제품 출시로 소비자들의 관심을 끌었다. 스탠리 컵과 관련된 차 폭발 영상도 화제가 되었다. 이 영상은 차가운 날씨에 방치된 스탠리 컵이 얼어 터지는 장면을 담고 있으며, 유머와 경고를 결합한 콘텐츠로 확산되었다. 이 사건은 브랜드의 내구성에 대한 논의를 불러일으키며, 소셜 미디어에서 스탠리 컵의 인지도를 더욱 강화하는 계기가 되었다.

소셜 미디어 마케팅은 디지털 마케팅 전략의 핵심 요소로, 브랜드가 고객과 실시간으로 소통하고, 브랜드 가치를 효과적으로 전달하는 데 중요한 역할을 한다. 다양한 소셜 미디어 플랫폼을 활용하여 목표를 설정하고, 타겟 청중을 분석하며, 효과적인 콘텐츠 전략을 수립함으로써 브랜드 인지도를 높이고 고객 충성도를 강화할 수 있다. 성과를 지속적으로 측정하고 분석하여 소셜 미디어 마케팅 전략을 최적화하는 것이 성공의 열쇠이다.

6) 콘텐츠 마케팅 사례

- **레드불(Red Bull)**[12]: 레드불은 스포츠, 모험, 라이프스타일 관련 콘텐츠를 제작하여 브랜드 인지도를 높이고, 고객의 참여를 유도한다. 특히, 자사의 미디어 채널을 통해 다양한 이벤트와 영상을 공유하여 브랜드를 홍보한다.
- **허브스팟(HubSpot)**: 허브스팟은 마케팅, 세일즈, 고객 서비스 관련 교육적 콘텐츠를 제공하여 잠재 고객을 유치하고, 이를 실제 고객으로 전환하는 데 성공했다. 블로그, 전자책, 웨비나 등의 다양한 콘텐츠를 통해 유용한 정보를 제공한다.

7 콘텐츠 마케팅 전략

콘텐츠 마케팅은 브랜드가 유용하고 일관된 콘텐츠를 제작하고 배포하여 고객을 끌어들이고 유지하는 데 중요한 역할을 한다. 콘텐츠 마케팅은 다양한 플랫폼에서 실행될 수 있으며, 각 플랫폼은 고유의 특성과 장점을 가지고 있다. 여기서는 블로그, 소셜 미디어, 유튜브를 중심으로 콘텐츠 마케팅 전략

---

12 **Red Bull:** Bleakley, A., Ellithorpe, M. E., Jordan, A. B., Hennessy, M., & Stevens, R. (2022). A content analysis of sports and energy drink advertising. *Appetite, 174,* 106010.

을 자세히 학습한다.

1) 블로그 마케팅

블로그는 콘텐츠 마케팅의 기본적인 형태로, 깊이 있는 정보를 제공하고, SEO를 통해 웹사이트 트래픽을 증가시키는 데 효과적이다.

2) 블로그 마케팅의 중요성

- **SEO 강화**: 블로그 게시물은 검색 엔진에서 높은 순위를 차지할 수 있는 기회를 제공한다. 적절한 키워드를 사용하면 검색 결과에서 더 잘 노출될 수 있다.
- **전문성 구축**: 블로그는 브랜드가 특정 분야에서 전문성을 입증할 수 있는 기회를 제공한다.
- **리드 생성**: 블로그 콘텐츠를 통해 잠재 고객을 유도하고, 이를 실제 고객으로 전환할 수 있다.
- **고객 참여**: 유용한 정보를 제공함으로써 고객의 참여를 유도하고, 브랜드와의 감정적 연결을 강화할 수 있다.

3) 블로그 마케팅 전략

(1) 키워드 연구 및 주제 선정

- 타겟 청중이 검색할 가능성이 높은 키워드를 식별하고, 이를 기반으로 주제를 선정한다.

(2) 고품질 콘텐츠 작성

- 독창적이고 유용한 정보를 제공하는 고품질의 콘텐츠를 작성한다.
- 가독성을 높이기 위해 제목, 부제목, 목록, 이미지 등을 활용한다.

(3) SEO 최적화

- 키워드를 자연스럽게 통합하고, 메타 태그, ALT 태그 등을 최적화한다.
- 내부 링크와 외부 링크를 적절히 활용하여 콘텐츠의 신뢰성을 높인다.

(4) 정기적 게시

- 일관된 주기로 게시물을 작성하여 독자의 기대를 충족시키고, 지속적인 트래픽을 유도한다.

(5) 프로모션 및 배포

- 소셜 미디어, 이메일 뉴스레터 등을 통해 블로그 콘텐츠를 홍보하고, 더 많은 독자에게 도달할 수 있도록 한다.

4) 소셜 미디어 마케팅

소셜 미디어는 다양한 플랫폼을 통해 고객과 직접 소통하고, 브랜드 인지도를 높이는 데 중요한 역할을 한다.

5) 소셜 미디어 마케팅 전략

(1) 목표 설정

- 소셜 미디어 마케팅의 목표를 명확히 설정한다.
  - 예 브랜드 인지도 상승, 웹사이트 트래픽 증가, 리드 생성, 판매 증대 등.

(2) 타겟 청중 분석

- 타겟 청중의 인구 통계, 관심사, 행동 패턴을 분석하여 적절한 소셜 미디어 플랫폼과 콘텐츠 전략을 결정한다.

(3) 콘텐츠 계획 및 제작

- 다양한 형식의 콘텐츠(이미지, 동영상, 기사, 인포그래픽 등)를 계획하고 제작한다. 콘텐츠는 브랜드 메시지를 효과적으로 전달하고, 타겟 청중의 관심을 끌어야 한다.

(4) 일정 관리

- 소셜 미디어 콘텐츠 캘린더를 작성하여 일관된 게시 일정을 유지한다. 정기적인 게시물과 캠페인을 통해 청중과 지속적인 상호작용을 유지하는 데 중요하다.

(5) 참여 유도

- 댓글, 좋아요, 공유 등 청중의 참여를 유도하는 전략을 사용한다. 질문을 던지거나, 사용자 생성 콘텐츠를 독려하는 방식으로 이루어질 수 있다.

(6) 광고 캠페인

- 소셜 미디어 광고를 통해 타겟 청중에게 도달한다. 페이스북 광고, 인스타그램 스폰서 게시물, 트위터 프로모션 트윗 등 다양한 형태로 진행할 수 있다.

(7) 성과 측정 및 분석

- 소셜 미디어 활동의 성과를 측정하고 분석한다. 주요 성과 지표(KPI)로는 참여율, 도달 범위, 클릭율, 전환률 등이 있다. 이를 통해 전략의 효과를 평가하고 개선점을 도출한다.

8 유튜브 마케팅

유튜브는 세계에서 가장 큰 동영상 공유 플랫폼으로, 동영상 콘텐츠를 통해 브랜드를 홍보하고, 고객과 소통하는 데 매우 효과적이다.

1) 유튜브 마케팅의 중요성

- **광범위한 도달 범위**: 유튜브는 전 세계 수억 명의 사용자가 활동하는 플랫폼으로, 브랜드가 많은 사람들에게 도달할 수 있게 한다.
- **비주얼 스토리텔링**: 동영상은 시각적이고 감정적인 이야기를 전달하는 데 효과적이다.
- **SEO 강화**: 유튜브 동영상은 구글 검색 결과에서도 노출될 수 있어, 브랜드 노출을 증가시킨다.
- **고객 참여 촉진**: 댓글, 좋아요, 구독 등을 통해 고객의 참여를 유도할 수 있다.
- **다양한 콘텐츠 형식**: 제품 리뷰, 튜토리얼, 고객 후기, 웹세미나 등 다양한 형식의 동영상 콘텐츠를 제작할 수 있다.

2) 유튜브 마케팅 전략

(1) 채널 설정 및 최적화

- 브랜드의 유튜브 채널을 설정하고, 프로필 사진, 배너 이미지, 채널 설명 등을 최적화한다.
- 채널 트레일러를 제작하여 방문자에게 브랜드를 소개한다.

(2) 콘텐츠 계획 및 제작

- 다양한 형식의 동영상 콘텐츠를 계획하고 제작한다.
  예 제품 리뷰, 튜토리얼, 고객 후기, 웹세미나 등.

- 동영상의 품질을 높이기 위해 적절한 조명, 음향, 편집 기술을 사용한다.

(3) SEO 최적화

- 동영상 제목, 설명, 태그에 키워드를 포함하여 SEO를 최적화한다.
- 매력적인 썸네일 이미지를 사용하여 클릭률을 높인다.

(4) 일정 관리

- 정기적인 게시 일정을 유지하여 구독자의 기대를 충족시키고, 지속적인 트래픽을 유도한다.

(5) 참여 유도

- 동영상 내에서 구독, 좋아요, 댓글 참여를 유도한다. 시청자에게 질문을 던지거나, 다음 동영상을 시청하도록 권장한다.

(6) 광고 캠페인

- 유튜브 광고를 통해 타겟 청중에게 도달한다.
  예 트루뷰 광고(TrueView Ads), 범퍼 광고(Bumper Ads), 디스커버리 광고 (Discovery Ads) 등.

(7) 성과 측정 및 분석

- 유튜브 분석 도구를 사용하여 동영상 성과를 측정하고 분석한다. 주요 성과 지표(KPI)로는 조회수, 시청 시간, 참여율, 전환율 등이 있다. 이를 통해 전략의 효과를 평가하고 개선점을 도출한다.

3) SEO와 브랜드 노출

SEO(검색 엔진 최적화)는 검색 엔진에서 웹사이트의 가시성과 순위를 높이기 위한 전략이다. SEO는 브랜드 노출을 증가시키고, 더 많은 트래픽을

웹사이트로 유도하여 궁극적으로 브랜드 인지도를 높이고, 전환율을 향상
시킨다.

4) SEO의 중요성

- **트래픽 증가**: SEO는 검색 엔진에서 웹사이트의 순위를 높여 자연 검색
  트래픽을 증가시킨다.
- **브랜드 노출 향상**: 높은 검색 엔진 순위는 브랜드 노출을 증가시키고, 더
  많은 사람들이 브랜드를 인식하게 만든다.
- **신뢰성과 권위 구축**: 검색 엔진에서 높은 순위를 차지하면 브랜드의 신
  뢰성과 권위를 강화할 수 있다.
- **비용 효율성**: SEO는 유료 광고보다 비용 효율적인 방법으로 지속적인
  트래픽을 유도할 수 있다.
- **경쟁 우위 확보**: 경쟁사보다 높은 검색 순위를 차지하면 더 많은 잠재 고
  객을 유치할 수 있다.

5) SEO 전략 구성 요소

(1) 키워드 연구

- 타겟 청중이 검색할 가능성이 높은 키워드를 식별하고, 이를 콘텐츠에
  통합한다.

(2) 온페이지 최적화

- 타이틀 태그, 메타 설명, 헤더 태그, 이미지 ALT 태그 등 페이지의 모든
  요소를 최적화한다.
- 키워드를 자연스럽게 통합한 고품질의 콘텐츠를 작성한다.
- 내부 링크 구조를 최적화하여 사이트 내의 페이지 간 연결성을 높인다.

(3) 오프페이지 최적화

- 백링크를 통해 웹사이트의 권위와 신뢰성을 강화한다.
- 소셜 미디어와의 연계를 통해 콘텐츠를 공유하고, 외부 사이트와의 협업을 통해 백링크를 확보한다.

(4) 기술적 SEO

- 웹사이트의 속도, 모바일 친화성, 보안 등 기술적 요소를 최적화하여 검색 엔진 크롤러가 사이트를 쉽게 탐색할 수 있도록 한다.
- 사이트맵과 로봇 텍스트 파일을 설정하여 검색 엔진이 웹사이트를 더 잘 이해하고 색인할 수 있도록 한다.

(5) 지역 SEO(Local SEO)

- 지역 기반 비즈니스의 경우, 지역 SEO를 통해 특정 지역에서의 검색 결과에서 높은 순위를 차지할 수 있도록 한다.
- 구글 마이 비즈니스(Google My Business) 프로필을 최적화하고, 지역 키워드를 콘텐츠에 포함시킨다.

6) SEO 사례

- **아마존(Amazon):** 아마존은 키워드 최적화, 사용자 리뷰, 제품 설명 등을 통해 검색 엔진에서 높은 순위를 유지한다. 이를 통해 많은 트래픽을 유도하고, 판매를 촉진한다.
- **모차드(MeMozzart):** 작은 로컬 레스토랑인 모차드는 지역 SEO 전략을 통해 지역 검색 결과에서 높은 순위를 차지하여, 지역 주민들과 관광객을 끌어들이는 데 성공했다.

CASE STUDY

- **샤오홍슈(Xiaohongshu, 중국):** 소셜 미디어와 전자상거래 플랫폼을 결합한 샤오홍슈는 트렌디한 라이프스타일 콘텐츠와 사용자의 리뷰를 통해 소비자들이 직접 참여하는 브랜드 커뮤니티를 형성하고 있다. 중국 내에서 '인플루언서 경제'를 선도하는 플랫폼이다.

• 브랜드 역사

샤오훙슈(Xiaohongshu)는 2013년 중국에서 시작된 소셜 미디어와 전자상거래 플랫폼이다. 처음에는 해외 제품을 리뷰하는 플랫폼으로 시작했으나, 곧 **전자상거래** 기능을 추가하며 폭넓은 사용자를 끌어모았다. '작은 붉은 책'이라는 뜻을 가진 샤오훙슈는 특히 **MZ세대**를 중심으로 **트렌디한 라이프스타일과 패션**, 뷰티를 선도하는 플랫폼으로 자리 잡았다. 현재는 중국에서 가장 큰 라이프스타일 커뮤니티 중 하나로 성장했다.

• 마케팅 성공의 배경

샤오훙슈의 성공 배경은 소셜 **미디어와 전자상거래의 완벽한 결합**에 있다. 사용자들이 트렌디한 제품을 리뷰하고, 이를 바로 구매할 수 있는 시스템은 소비자들에게 **편리하고 직관적인 쇼핑 경험**을 제공한다. 특히, 플랫폼 내에서 사용자 간의 콘텐츠 **생성**과 **참여**가 활발하게 이루어지며, 이를 통해 강력한 **브랜드 커뮤니티**가 형성되었다.

① 소셜 미디어와 전자상거래 결합: 샤오훙슈는 소셜 미디어의 콘텐츠 생성과 전자상거래를 결합하여 사용자들이 **리뷰**를 보고 제품을 구매할 수 있게 한다. 사용자들은 자신이 구매한 제품을 리뷰하고, 다른 사용자들의 피드백을 바탕으로 구매 결정을 내릴 수 있어 **투명한 소비 환경**이 조성된다.

② 인플루언서 경제: 샤오훙슈는 **인플루언서와 사용자 리뷰**를 핵심으로 하는 UGC(사용자 생성 콘텐츠) 전략을 적극 활용했다. 인플루언서들이 자신만의 스타일과 경험을 공유하며 팔로워들과의 강력한 연결고리를 형성하고, 이로 인해 **입소문 마케팅**이 자연스럽게 이루어진다. 이를 통해 플랫폼은 사용자들이 신뢰할 수 있는 정보와 제품을 제공하는 **신뢰성 있는 커뮤니티**로 자리 잡았다.

③ 커뮤니티 중심의 마케팅: 샤오훙슈는 단순히 상품을 판매하는 것이 아니

라, **사용자들이 직접 콘텐츠를 만들고 소통할 수 있는 커뮤니티**를 제공한다. 이는 단순한 전자상거래 플랫폼과 차별화된 점으로, 사용자는 플랫폼 안에서 트렌디한 라이프스타일을 공유하고 정보를 얻을 수 있으며, 이는 곧 브랜드 충성도로 이어진다.

• 브랜드의 특별한 점

샤오훙슈의 특별함은 **사용자가 직접 브랜드를 경험하고 리뷰하는 콘텐츠 중심의 생태계**에 있다. 사용자들이 자신의 라이프스타일을 공유하고, 이를 기반으로 한 **소비자 경험**이 주요 콘텐츠로 자리 잡으면서, 그 자체가 브랜드의 마케팅 도구로 작용한다. 특히, 제품을 단순히 구매하는 것이 아니라, 사용자의 **신뢰성과 추천**에 기반한 **참여형 쇼핑 경험**을 제공한다.

또한, 샤오훙슈는 **소비자 중심의 맞춤형 콘텐츠**를 제공하는 알고리즘을 도입해, 사용자들이 관심 있는 제품과 리뷰를 쉽게 찾을 수 있도록 돕는다. 이 맞춤형 마케팅 전략은 고객 만족도를 높이고, 반복적인 쇼핑 경험을 이끌어낸다.

• 결론

샤오훙슈는 **소셜 미디어와 전자상거래의 결합**을 통해 중국 내에서 빠르게 성장한 브랜드로, 사용자들이 직접 참여하는 **브랜드 커뮤니티**를 성공적으로 형성했다. **인플루언서 경제**와 **사용자 리뷰**를 중심으로 한 콘텐츠 생성 전략은 트렌디한 소비자층을 공략하는 데 큰 효과를 발휘하며, 샤오훙슈는 앞으로도 중국뿐만 아니라 글로벌 시장에서도 영향력을 확대할 가능성이 크다.

Work Sheet – 05

교과목:

학번:

이름:

디지털 마케팅과 브랜드에 대해 작성하시오.

1. 고객 경험 디자인의 중요성?

2. 고객 경험 디자인의 요소?

3. 고객 경험 디자인 프로세스?

CHAPTER

06

브랜드 스토리텔링

브랜드 스토리텔링은 브랜드의 가치와 메시지를 감동적이고 기억에 남는 방식으로 전달하는 중요한 마케팅 전략이다. 브랜드 내러티브 개발, 감정적 연결과 스토리텔링 기법, 성공적인 브랜드 스토리텔링 사례를 통해 브랜드는 고객과 깊이 공감하고, 충성도를 높일 수 있다. 효과적인 브랜드 스토리텔링을 통해 브랜드는 강력한 감정적 유대를 형성하고, 긍정적인 입소문을 유도할 수 있다.

브랜드 스토리텔링은 현대 마케팅에서 소비자와의 정서적 유대를 형성하고, 브랜드 가치를 전달하는 데 매우 중요한 역할을 한다. 진정성, 감정적 연결, 일관성 있는 메시지 전달을 통해 소비자의 마음을 사로잡고, 브랜드 충성도를 강화하는 데 크게 기여한다.

브랜드 스토리텔링

1 브랜드 스토리텔링의 개요

브랜드 스토리텔링은 브랜드의 가치와 메시지를 고객에게 감동적이고 기억에 남는 방식으로 전달하는 마케팅 전략이다. 브랜드 스토리텔링은 브랜드 내러티브 개발, 감정적 연결과 스토리텔링 기법, 성공적인 브랜드 스토리텔링 사례로 구성된다. 브랜드 스토리텔링은 브랜드가 소비자와 감정적, 심리적으로 연결되는 가장 강력한 마케팅 전략 중 하나이다. 단순히 제품의 기능과 장점을 설명하는 것을 넘어, 브랜드 자체의 이야기나 가치를 전달함으로써 소비자와 깊은 관계를 형성할 수 있다. 성공적인 브랜드 스토리텔링은 브랜드에 대한 인식을 높이고, 충성도 있는 고객을 창출하며, 경쟁에서 차별화를 이루는 데 중요한 역할을 한다.

브랜드 스토리텔링의 핵심 요소를 살펴보자.

첫째, 진정성(Authenticity)의 스토리는 진정성이 있어야 소비자에게 신뢰를 얻을 수 있다. 소비자는 허구적이거나 과장된 이야기보다 브랜드가 가진 진짜 가치와 경험을 더 중요하게 생각한다. 브랜드의 역사, 창립 배경, 설립자의 비전 등이 진정성 있는 스토리로 다가가면 소비자는 이를 더 진지하게 받아들인다.

둘째, 감정 연결(Emotional Connection)의 스토리텔링은 소비자의 감정을 자극하고 공감을 이끌어내는 데 강력한 도구이다. 사람들은 논리적인 설명보다는 감정적인 연결을 통해 브랜드에 더 쉽게 마음을 연다. 브랜드 스토리에서 감동, 영감, 도전, 희망과 같은 감정적인 요소를 잘 전달하면 소비자는 더 깊은 유대감을 느낄 수 있다.

셋째, 일관성(Consistency)의 브랜드 스토리텔링은 모든 마케팅 채널에서 일관되게 전달되어야 한다. 광고, 소셜 미디어, 웹사이트, 제품 패키지 등에서 동일한 메시지와 스토리를 전달하면 브랜드 정체성이 명확해지고, 소비자는 그 메시지를 쉽게 인식하게 된다. 일관된 스토리라인이 없다면 소비자는 브랜드에 혼란을 느낄 수 있다.

넷째, 고객 중심(Customer-Centric)의 성공적인 브랜드 스토리텔링은 고객의 경험과 가치를 중심으로 전개된다. 브랜드가 소비자의 삶을 어떻게 개선하는지, 소비자가 브랜드와 함께 어떤 가치를 창출할 수 있는지를 강조하는 스토리는 고객의 관심을 끌 수 있다. 소비자가 브랜드의 이야기를 자신과 연결될 수 있도록 설계하는 것이 중요하다.

다섯째, 브랜드 가치(Value Proposition)의 스토리텔링은 브랜드가 제공하는 가치를 명확히 전달하는 역할을 한다. 소비자는 단순히 제품이나 서비스를 구매하는 것이 아니라, 그 뒤에 있는 가치를 구매한다.

예를 들어, 사회적 책임을 강조하는 브랜드라면 그 가치를 중심으로 한 스토리가 소비자에게 브랜드의 사명을 더욱 잘 전달할 수 있다.

브랜드 스토리텔링의 유형으로는 창립 이야기(Origin Story) 브랜드의 창립 배경을 이야기하는 방식이다. 기업이 설립된 이유, 창립자가 어떤 문제를 해결하고자 했는지, 초기 도전과 성공 이야기를 공유하는 것은 소비자에게 큰 감동을 줄 수 있다. 이러한 스토리는 브랜드의 신념과 철학을 나타내며, 진정성을 강조하는 데 효과적이다.

예시로 나이키(Nike)는 브랜드의 창립자인 필 나이트가 스포츠에 대한 열정으로 작은 운동화 사업을 시작했던 이야기를 통해 스포츠 정신과 도전의 가치를 전달한다.

소비자 성공 사례(Customer Success Stories) 고객의 성공적인 경험을 중심으로 한 스토리텔링이다. 소비자가 제품이나 서비스를 사용하여 문제를 해결하거나 삶의 질을 향상시킨 이야기를 공유하면, 다른 소비자도 자연스럽게 그 브랜드를 신뢰하고 구매를 고려하게 된다.

그 예시로 스타벅스는 다양한 소비자와 커뮤니티가 그들의 매장에서 경험하는 따뜻한 순간들을 공유함으로써 제1의 공간 집이 아닌, 제2의 공간 직장이 아닌, '제3의 공간'을 강조한다.

사회적 책임과 윤리적 가치(Brand Purpose Story), 사회적 책임을 강조하는 브랜드는 이와 관련된 이야기를 통해 소비자에게 더욱 긍정적인 이미지를 심어줄 수 있다. 지속 가능성, 윤리적 생산, 사회적 공헌과 같은 요소를 중심으로 한 스토리는 브랜드에 대한 신뢰와 존경을 높이는 데 기여한다.

브랜드 스토리텔링의 미래는 더욱 인터랙티브(Interactive)하고 몰입형(Immersive) 방식으로 진화할 것이다. AR(증강현실), VR(가상현실) 기술을 활용한 스토리텔링은 소비자가 직접 스토리에 참여하고 경험할 수 있는 새로운 차원의 브랜드 경험을 제공할 것이다. 또한, 소비자 주도형 스토리텔링(User-Generated Content)이 확대되면서 소비자가 브랜드의 이야기를 함께 만들고, 자신의 경험을 공유하는 방식이 더욱 활성화될 것이다. 결국 브랜드 스토리텔링은 단순한 광고 전략이 아니라, 브랜드와 소비자 간의 장기적인 관계를 형성하는 중요한 수단으로 남을 것이다.

브랜드 스토리텔링은 소비자와의 감정적 연결을 형성하고, 브랜드의 가치를 전달하며, 기억에 남는 브랜드 경험을 제공하는 강력한 마케팅 전략이다. 단순히 제품이나 서비스를 설명하는 것을 넘어, 브랜드의 역사, 철학, 목표, 그리고 그 안에 담긴 메시지를 스토리 형식으로 전달함으로써 소비자의 공감을 얻는 데 중점을 둔다. 성공적인 브랜드 스토리텔링은 소비자에게 영감을 주고, 브랜드와의 감정적 유대감을 형성하며, 브랜드 충성도를 높이는 데 기여한다.

2 브랜드 스토리텔링의 핵심 요소

1) 진정성(Authenticity)

- **진정한 이야기**: 소비자들은 브랜드가 진실하고 일관된 스토리를 전달할 때 더 쉽게 공감한다. 브랜드의 역사, 설립 배경, 창업자의 비전 등을 중심으로 스토리를 진정성 있게 전달하는 것이 중요하다.
- **투명성**: 브랜드가 소비자에게 솔직하고 개방적일 때 신뢰를 구축할 수 있다. 브랜드가 실패한 경험이나 어려움을 극복한 과정 또한 스토리의 중요한 부분이 될 수 있다.

2) 감정적 연결(Emotional Connection)

- **감정을 불러일으키는 이야기**: 감정적인 요소를 담은 스토리텔링은 소비자에게 강한 인상을 남긴다. 사랑, 희망, 용기, 도전, 성공 등 감정적인 주제를 통해 소비자가 브랜드에 공감하고, 감정적으로 연결되도록 돕는다.
- **인간적 접근**: 제품이나 기술 중심의 메시지보다 사람 중심의 스토리를 강조하는 것이 더 큰 효과를 발휘한다. 브랜드와 관련된 인물의 이야기를 들려주거나 소비자의 실제 경험을 반영하는 것이 좋은 방법이다.

3) 일관성(Consistency)

- **브랜드 가치와 스토리의 일관성**: 브랜드가 전달하는 스토리는 그 브랜드의 핵심 가치와 철학을 일관되게 반영해야 한다. 일관성 있는 메시지는 소비자가 브랜드를 쉽게 이해하고 기억하는 데 도움이 된다.
- **다양한 채널에서의 일관된 전달**: 웹사이트, 소셜 미디어, 광고 등 모든 마케팅 채널에서 동일한 메시지와 스토리를 전달하여 브랜드의 이미지를 강화할 수 있다.

4) 스토리 구조(Structure)

- **기승전결**: 브랜드 스토리도 하나의 이야기처럼 시작(문제), 전개(해결 과정), 절정(성과), 결말(미래의 비전)로 구성될 수 있다. 이렇게 잘 구성된 스토리는 소비자가 쉽게 이해하고 기억할 수 있다.
- **주인공의 여정**: 창업자나 고객, 혹은 브랜드 자체를 주인공으로 설정하여 그들이 어떻게 성장하고 변화했는지를 이야기할 수 있다. 소비자는 이 여정을 통해 브랜드에 감정적으로 몰입할 수 있다.

❸ 브랜드 스토리텔링의 효과

1) 브랜드 인지도 향상

강력한 스토리는 브랜드를 기억에 남기게 만든다. 독특하고 감동적인 스토리로 소비자의 관심을 끌고, 이를 통해 브랜드의 인지도를 높일 수 있다.

2) 브랜드 충성도 증대

소비자들은 감정적으로 공감하는 브랜드에 더욱 충성한다. 브랜드 스토리텔링을 통해 소비자는 브랜드와 더 깊은 관계를 형성하게 되며, 그 결과로 브랜드에 대한 충성도가 높아진다.

3) 브랜드 차별화

시장에서 수많은 경쟁 브랜드 중에서 돋보이려면 차별화가 필요하다. 스토리텔링은 브랜드의 고유한 정체성을 표현하는 가장 효과적인 방법으로, 경쟁사와의 차별화를 도와준다.

4) 소비자 참여 유도

스토리가 소비자에게 감동을 주고 공감을 불러일으키면, 그들은 자연스럽게 브랜드의 메시지에 반응하고, 브랜드와의 상호작용에 참여하게 된다. 소셜 미디어에서는 소비자가 브랜드 이야기를 공유하거나 자신의 의견을 나누는 방식으로 참여를 유도할 수 있다.

4 성공적인 브랜드 스토리텔링 사례

1) 사례: 애플(Apple)[13]

- **브랜드 내러티브**: 애플은 "Think Different"라는 슬로건을 통해 혁신과 창의성을 강조한다. 창립자인 스티브 잡스의 비전과 도전 정신을 중심으로 브랜드 내러티브를 구성한다.
- **감정적 연결**: 애플은 사용자의 삶을 변화시키는 혁신적인 제품과 경험을 제공함으로써 감정적 연결을 강화한다.
- **스토리텔링 기법**: 애플은 제품 발표 행사에서 스티브 잡스가 직접 제품의 혁신성을 강조하며, 감동적인 이야기를 통해 고객의 관심과 호감을 끌어낸다.

---

13 **Apple Inc.:** Beverland, M. B., Napoli, J., & Farrelly, F. (2010). Can all brands innovate in the same way? A typology of brand position and innovation effort. *Journal of Product Innovation Management*, 27(1), 33-48.

2) 사례: 나이키(Nike)

- **브랜드 내러티브**: 나이키는 "Just Do It"이라는 슬로건을 통해 도전과 성취를 강조한다. 브랜드는 운동 선수들의 도전과 성공 이야기를 중심으로 내러티브를 구성한다.
- **감정적 연결**: 나이키는 운동 선수와 일반인의 도전 정신을 존중하고, 이를 통해 감정적 연결을 강화한다.
- **스토리텔링 기법**: 나이키는 광고에서 유명 운동 선수의 이야기를 통해 영감을 주고, 고객이 자신도 도전할 수 있다는 자신감을 느끼게 한다.

3) 사례: 레고(Lego)

- **브랜드 내러티브**: 레고는 "창의력과 상상력"을 강조하며, 아이들의 창의적 활동을 지원하는 브랜드로 내러티브를 구성한다.
- **감정적 연결**: 레고는 부모와 아이들이 함께 놀이를 통해 창의력을 발휘하는 경험을 강조하여 감정적 연결을 강화한다.
- **스토리텔링 기법**: 레고는 영화, 애니메이션, 사용자 생성 콘텐츠를 활용하여 브랜드의 가치를 전달하고, 창의적인 이야기를 통해 고객의 참여를 유도한다.

5 브랜드 스토리텔링의 성공 전략

1) 타겟 청중을 명확히 파악

- 스토리텔링은 타겟 청중을 명확히 설정하고 그들의 관심사와 가치에 맞춘 메시지를 전달하는 것이 중요하다. 소비자가 누구인지, 그들이 무엇을 원하는지 이해하고 이에 맞는 스토리를 설계해야 한다.

2) 스토리의 인간적 요소 강조

- 브랜드 스토리텔링에서 인간적인 요소를 부각시키는 것은 매우 효과적이다. 창립자의 경험, 직원들의 헌신, 고객의 성공 사례 등을 통해 브랜드를 사람들과 연결시키는 것이 중요하다.

3) 미래 지향적인 메시지

- 브랜드의 스토리는 과거뿐만 아니라 미래에 대한 비전을 제시할 때 더 강력한 영향을 미친다. 브랜드가 나아가고자 하는 방향, 사회에 기여하려는 목표를 스토리로 만들어 소비자와 공유하는 것이 필요하다.

브랜드 스토리텔링은 현대 마케팅에서 소비자와의 정서적 유대를 형성하고, 브랜드 가치를 전달하는 데 매우 중요한 역할을 한다. 진정성, 감정적 연결, 일관성 있는 메시지 전달을 통해 소비자의 마음을 사로잡고, 브랜드 충성도를 강화하는 데 크게 기여한다.

6 브랜드 내러티브 개발

1) 브랜드 내러티브의 중요성

브랜드 내러티브는 브랜드가 전달하고자 하는 핵심 메시지와 가치를 이야기 형태로 구성한 것이다. 내러티브는 브랜드의 역사, 비전, 미션을 포함하며, 고객이 브랜드를 이해하고 공감하는 데 중요한 역할을 한다.

2) 브랜드 내러티브 개발 과정

(1) 브랜드의 핵심 가치 정의

- 브랜드의 핵심 가치를 명확히 정의한다. 브랜드가 고객에게 전달하고자 하는 주요 메시지와 일치해야 한다.

예 혁신, 신뢰, 품질, 지속 가능성 등.

(2) 브랜드의 역사와 기원 탐구

- 브랜드의 기원과 역사를 탐구하여 내러티브의 기초를 마련한다. 창립 이야기, 초기 도전과 극복 과정 등을 포함한다.

(3) 브랜드의 비전과 미션 설정

- 브랜드가 추구하는 비전과 미션을 명확히 설정한다. 브랜드의 장기적인 목표와 사회적 역할을 반영한다.

(4) 주요 인물과 캐릭터 설정

- 브랜드 내러티브에서 중요한 역할을 하는 인물이나 캐릭터를 설정한다. 창립자, 직원, 고객, 제품 등이 될 수 있다.

(5) 스토리라인 구성

- 브랜드의 역사, 비전, 미션, 주요 인물을 바탕으로 스토리라인을 구성한다. 기승전결 구조를 통해 흥미롭고 감동적인 이야기를 만든다.

3) 브랜드 내러티브의 구성 요소

- **도입**: 브랜드의 배경과 기원을 소개한다.
  브랜드가 어떻게 시작되었는지 초기 목표는 무엇이었는지 설명한다.
- **발전**: 브랜드가 성장하고 발전하는 과정을 설명한다.
  도전과 극복, 혁신과 변화 등을 포함한다.
- **클라이맥스**: 브랜드가 중요한 성과를 이루거나, 어려움을 극복하는 순간을 강조한다.
- **결론**: 브랜드의 현재 위치와 미래 비전을 제시한다.
  고객에게 전달하고자 하는 핵심 메시지와 일치해야 한다.

7 감정적 연결과 스토리텔링 기법

1) 감정적 연결의 중요성

감정적 연결은 고객이 브랜드와 깊이 공감하고, 감정적으로 연결되는 것을 의미한다. 브랜드 충성도를 높이고, 긍정적인 입소문을 유도하는 데 중요하다.

2) 감정적 연결을 강화하는 스토리텔링 기법

(1) 개인적 이야기 사용

- 고객이 개인적으로 공감할 수 있는 이야기를 사용한다.
  - 예 고객의 성공 사례나 개인적인 경험을 공유한다.

(2) 진정성 유지

- 스토리텔링에서 진정성을 유지하는 것이 중요하다. 브랜드의 가치를 진솔하게 전달하고, 고객의 신뢰를 얻는 데 도움을 준다.

(3) 감정적 요소 포함

- 이야기에 감정적 요소를 포함하여 고객의 감정을 자극한다.
  - 예 기쁨, 슬픔, 희망, 동정 등 다양한 감정을 포함할 수 있다.

(4) 시각적 요소 활용

- 시각적 요소를 활용하여 이야기를 더 생동감 있게 만든다.
  - 예 사진, 동영상, 그래픽 등을 사용하여 스토리텔링의 효과를 높인다.

(5) 일관된 메시지 전달

- 모든 스토리텔링 활동에서 일관된 메시지를 전달하여 브랜드의 통일성을 유지한다.

3) 스토리텔링 기법

(1) 영웅의 여정(Hero's Journey)

- 영웅의 여정은 주인공이 도전을 통해 성장하고, 궁극적으로 목표를 달성하는 이야기를 의미한다. 브랜드의 도전과 성공을 이야기하는 데 효과적이다.

(2) 고객 중심 이야기(Customer-Centric Stories)

- 고객의 경험과 성공 사례를 중심으로 이야기를 구성한다. 고객이 브랜드와의 연결을 더 깊이 느끼게 한다.

(3) 비주얼 스토리텔링(Visual Storytelling)

- 시각적 요소를 활용하여 이야기를 생동감 있게 전달한다. 이미지, 동영상, 인포그래픽 등을 포함할 수 있다.

(4) 데이터 스토리텔링(Data Storytelling)

- 데이터를 활용하여 이야기를 구성한다. 통계, 그래프, 차트 등을 사용하여 브랜드의 성과나 영향을 설명하는 데 효과적이다.

CASE STUDY

- **젠틀몬스터 (Gentle Monster,**[14] **한국):** 젠틀몬스터는 선글라스 브랜드로 출발했지만, 독특한 매장 디스플레이와 예술적인 스토리텔링을 결합하여 브랜드 경험을 확장하고 있다. 각 매장은 아트 갤러리처럼 꾸며져 있어 고객들이 브랜드의 철학을 체험할 수 있다.

---

14   **젠틀몬스터:** 류현주, & 이연준. (2016). 플래그쉽 스토어를 통한 브랜드 경험이 브랜드 소비자-관계에 미치는 영향에 관한 연구-아이웨어 브랜드 젠틀몬스터 사례를 중심으로 기초조형학연구, *17(2)*, 101-111.

• 브랜드 역사

젠틀몬스터(Gentle Monster)는 2011년 한국에서 설립된 선글라스 브랜드로 출발했으며, 혁신적인 디자인과 독특한 매장 경험으로 빠르게 글로벌 시장에서 주목받았다. 창립자 김한국은 단순한 선글라스 제품을 넘어선 **브랜드 경험**과 **예술적 표현**을 결합한 새로운 형태의 스토리텔링을 통해 브랜드를 차별화했다. 젠틀몬스터는 독창적인 디자인과 예술적인 비주얼을 통해 패션과 아트를 넘나드는 브랜드로 자리 잡았다.

• 마케팅 성공의 배경

젠틀몬스터의 성공은 **독창적인 스토리텔링과 매장 경험**을 통한 **고객 몰입**에 있다. 브랜드의 핵심은 제품 자체보다도 **경험**에 있으며, 이를 위해 브랜드는 고객이 매장에서 독특한 스토리와 세계관을 경험할 수 있도록 다양한 전략을 펼쳤다.

- 아트 갤러리 같은 매장 경험: 젠틀몬스터의 매장은 단순히 제품을 전시하는 공간이 아니라, **예술적 작품**처럼 꾸며져 있다. 각 매장은 매 시즌마다 새로운 테마를 반영한 예술 작품과 설치물을 전시하여, 고객들이 브랜드의 철학과 스토리를 물리적으로 체험할 수 있게 한다. 이 독특한 매장 경험은 고객들이 젠틀몬스터를 단순한 선글라스 브랜드가 아닌, **하나의 예술적 브랜드**로 인식하게 만든다.

- 브랜드 스토리텔링의 예술적 접근: 젠틀몬스터는 매 시즌마다 새로운 스토리와 테마를 제시한다. 예를 들어, '미래지향적인 세계관'을 기반으로 한 **사이버 펑크 테마**나 **디스토피아적 예술 작품**을 선보이며, 제품에 대한 단순한 설명을 넘어서 브랜드의 철학과 세계관을 구체화한다. 이러한 예술적 스토리텔링은 젠틀몬스터만의 독특한 정체성을 만들어내고, 고객들은 브랜드의 매력에 빠져들게 된다.

- **글로벌 협업을 통한 확장**: 젠틀몬스터는 다양한 글로벌 아티스트와 협업하여 브랜드 스토리텔링을 더욱 풍부하게 만든다. 예를 들어, 젠틀몬스터는 예술, 패션, 테크 등 다양한 분야의 브랜드와 협업을 통해 제품과 매장의 스토리를 확장하며, 글로벌 시장에서도 큰 주목을 받았다. 이러한 협업은 젠틀몬스터가 패션과 예술을 넘나드는 **혁신적인 브랜드**로 자리 매김하는 데 중요한 역할을 했다.

- **브랜드의 특별한 점**

젠틀몬스터의 특별함은 **스토리텔링과 공간 경험**을 결합한 **브랜드 철학**에 있다. 매장은 단순한 소매 공간이 아닌 **예술적 전시 공간**으로 변모했으며, 브랜드의 철학과 예술적 비전을 통해 제품이 아닌 **경험을 판매**하는 브랜드로 자리 잡았다. 또한, 젠틀몬스터는 **디지털 마케팅**에서도 스토리텔링을 적극 활용한다. 소셜 미디어를 통해 매 시즌의 새로운 테마와 스토리를 홍보하고, 고객들이 브랜드의 세계관에 더욱 깊이 빠져들 수 있도록 만든다. **감각적이고 몰입감 있는 스토리텔링**을 통해 젠틀몬스터는 고객들에게 단순한 제품이 아닌, 브랜드가 제시하는 하나의 세계관을 경험하게 한다.

- **결론**

젠틀몬스터는 단순한 선글라스 브랜드를 넘어, **스토리텔링과 예술**을 결합한 독특한 브랜드 경험을 제공한다. 아트 갤러리 같은 매장 디자인과 창의적인 스토리텔링은 고객들에게 브랜드 철학을 체험할 수 있는 특별한 경험을 제공하며, 이러한 접근은 젠틀몬스터가 글로벌 시장에서 성공하는 데 중요한 역할을 했다. 앞으로도 젠틀몬스터는 **예술과 패션의 경계를 허무는** 혁신적인 브랜드로 성장할 가능성이 크다.

Work Sheet - 06

교과목 :

학번 :

이름 :

브랜드 스토리텔링에 대해 작성하시오.

1. 브랜드 스토리텔링의 핵심 요소?

2. 브랜드 스토리텔링의 효과?

3. 성공적인 브랜드 스토리텔링 사례 작성?

CHAPTER

07

브랜드와 소비자 행동

브랜드와 소비자 행동을 이해하는 것은 효과적인 마케팅 전략을 수립하는 데 필수적이다. 소비자 행동 분석을 통해 고객의 요구와 기대를 파악하고, 구매 의사결정 과정을 이해하며, 브랜드 충성도와 재구매를 유도하는 전략을 수립함으로써 브랜드의 장기적인 성공을 도모할 수 있다.

브랜드와 소비자 행동은 브랜드 마케팅에서 중요한 요소로, 소비자의 행동을 이해하고 예측하여 효과적인 마케팅 전략을 수립하는 데 필요하다.

CHAPTER

07

브랜드와 소비자 행동

브랜드와 소비자 행동은 브랜드 마케팅에서 중요한 요소로, 소비자의 행동을 이해하고 예측하여 효과적인 마케팅 전략을 수립하는 데 필요하다. 이 장에서는 소비자 행동 분석, 구매 의사결정 과정, 브랜드 충성도와 재구매 유도에 대해 학습한다.

브랜드와 소비자 행동은 서로 긴밀하게 연결되어 있으며, 브랜드가 소비자 행동에 미치는 영향은 매우 중요하다. 다음은 브랜드와 소비자 행동 간의 주요 연관성을 설명한 내용이다.

1 브랜드와 소비자 행동 간의 주요 연관성

1) 브랜드 인식(Brand Awareness)

소비자 행동에서 가장 첫 번째 단계는 브랜드 인식이다. 소비자는 특정 브랜드에 대해 인식하고 나서야 구매를 고려하게 된다. 잘 알려진 브랜드는 소비자가 선택하는 데 중요한 역할을 하며, 인식된 브랜드일수록 소비자는 그 브랜드를 신뢰하고 선택할 가능성이 높다.

2) 브랜드 충성도(Brand Loyalty)

브랜드는 소비자에게 꾸준히 좋은 경험을 제공함으로써 충성도를 형성할 수 있다. 충성도 높은 고객은 다른 브랜드를 고려하지 않고 해당 브랜드 제품만을 계속해서 구매하는 경향이 있다. 브랜드의 장기적인 성공에 중요한 요소로 작용한다.

3) 브랜드 이미지와 정체성(Brand Image & Identity)

브랜드 이미지는 소비자가 브랜드에 대해 느끼는 감정과 생각을 말한다. 소비자 행동은 종종 특정 브랜드 이미지에 따라 영향을 받는다. 예를 들어, 소비자가 자신이 속한 집단이나 가치관과 부합하는 브랜드를 선호하는 경향이 있다. 브랜드의 정체성이 명확할수록 소비자는 자신과 브랜드 간의 연결을 더 쉽게 느낀다.

4) 브랜드 차별화(Brand Differentiation)

브랜드는 경쟁사와 차별화된 요소를 제공해야 소비자의 관심을 끌고 선택될 가능성이 높아진다. 제품의 품질, 디자인, 가격, 서비스 등에서 차별화를 이루면 소비자는 해당 브랜드를 더 선호하게 되고, 구매 행동에 직접적인 영향을 미친다.

5) 브랜드 경험(Brand Experience)

소비자가 브랜드와의 상호작용을 통해 느끼는 경험이 매우 중요한데, 제품을 구매하거나 사용하면서 얻는 직접적인 경험뿐만 아니라 광고, 마케팅, 고객서비스 등에서의 간접적인 경험도 포함된다. 긍정적인 브랜드 경험은 소비자의 반복 구매를 유도하고, 부정적인 경험은 소비자가 다른 브랜드로 전환하게 만든다.

6) 브랜드 신뢰(Brand Trust)

신뢰는 소비자가 브랜드에 대해 느끼는 신뢰성과 진정성을 의미한다. 소비자는 브랜드의 약속을 신뢰할 때 더 쉽게 구매 결정을 내린다. 브랜드 신뢰는 지속적인 고객 관계 구축과 브랜드 명성 향상에 중요한 역할을 한다.

7) 소비자 감정과 연관성

소비자의 감정은 구매 결정 과정에 큰 영향을 미친다. 소비자는 감정적으로 자신에게 긍정적인 영향을 주는 브랜드를 선택할 가능성이 높다. 이 때문에 브랜드는 소비자와 감정적으로 연결될 수 있는 마케팅 전략을 개발하려고 노력한다.

브랜드와 소비자 행동의 관계는 매우 복잡하면서도 상호 의존적인 관계를 가지고 있다. 기업은 소비자의 심리와 행동 패턴을 깊이 이해함으로써 브랜드 전략을 강화하고, 소비자의 기대와 욕구를 충족시킬 수 있다.

2 소비자 행동 분석

소비자 행동 분석은 기업이 성공적인 마케팅 전략을 세우고 경쟁에서 우위를 확보하는 데 필수적인 요소이다. 소비자의 구매 의사 결정 과정, 선호도, 동기 등을 이해함으로써 기업은 더 나은 제품과 서비스를 제공할 수 있으며, 고객 만족도와 충성도를 높이는 데 중요한 역할을 한다. 소비자 행동 분석의 중요성은 다음과 같은 여러 측면에서 나타난다.

1) 타겟 마케팅과 맞춤형 전략

소비자 행동을 분석하면 특정 소비자 집단의 요구와 선호를 파악할 수 있다. 이를 통해 기업은 세분화된 시장에 맞춤형 마케팅 전략을 개발할 수 있다. 예를 들어, 특정 연령대, 성별, 또는 지역에 속한 소비자가 선호하는 제품을 분석함으로써 보다 효과적인 광고 캠페인이나 프로모션을 설계할 수 있다.

2) 고객 만족도 향상

소비자 행동을 분석하면 고객이 제품과 서비스에서 어떤 점을 가장 중요하게 여기는지를 알 수 있다. 이러한 데이터를 활용하여 고객의 기대에 맞추거나 초과하는 경험을 제공하면, 고객 만족도가 증가하고, 재구매율과 고객 충성도도 높아진다. 만족한 고객은 입소문을 통해 자연스럽게 브랜드 홍보 역할을 하기도 한다.

3) 제품 및 서비스 개선

소비자 행동 분석은 제품이나 서비스의 강점과 약점을 식별하는 데 도움을 준다. 소비자가 특정 기능에 불만족하거나 필요로 하는 기능을 제공하지 않는다면, 그 데이터를 바탕으로 개선이 가능하며, 더 나은 고객 경험을 제공한다. 기업은 제품 개발 초기 단계에서 소비자 피드백을 반영하여 실패 가능성을 줄일 수 있다.

4) 트렌드 및 변화 감지

소비자 행동 분석은 시장의 변화를 파악하는 데도 중요한 역할을 한다. 소비자의 취향과 선호도는 시간에 따라 변하며, 이러한 변화를 빠르게 감지하면 기업은 유연하게 대응할 수 있다. 예를 들어, 환경 문제에 대한 인식이 높아지면서 친환경 제품에 대한 수요가 증가하는 트렌드를 인지하고 제품 라인을 조정할 수 있다.

5) 구매 의사 결정 과정 이해

소비자의 구매 의사 결정 과정은 복잡하며 여러 요인에 의해 영향을 받는다. 소비자 행동 분석을 통해 기업은 소비자가 어떻게 정보 수집을 하고, 어떤 기준으로 구매 결정을 내리는지에 대해 더 잘 이해할 수 있다. 이를 바탕으로 기업은 고객이 더 쉽게 구매를 결정하도록 돕는 유도책을 제공할 수 있다.

6) 경쟁 우위 확보

소비자 행동을 이해하는 것은 경쟁에서 우위를 차지하는 데 매우 중요하다. 경쟁 기업이 간과하는 소비자의 요구를 만족시킬 수 있다면, 해당 기업은 시장에서 차별화된 위치를 점유할 수 있다. 이러한 전략적 우위는 장기적으로 브랜드 인지도를 높이고, 충성 고객을 확보하는 데 기여할 수 있다.

7) 비용 절감과 효율성 증대

소비자 행동 분석을 통해 어떤 마케팅 전략이 효과적인지 파악하면, 불필요한 광고나 프로모션에 대한 비용을 줄일 수 있다. 효과가 높은 마케팅 채널과 메시지를 선택함으로써 마케팅 예산을 효율적으로 사용할 수 있으며, 이는 수익성을 높이는 데 기여한다.

8) 위기 관리와 소비자 반응 예측

기업은 소비자 행동 분석을 통해 잠재적인 위기를 예방할 수 있다. 소비자의 불만이 증가하는 패턴을 감지하거나, 시장에서 특정 제품에 대한 부정적인 반응을 빠르게 파악하면, 사전에 대응할 수 있다. 또한, 소비자 행동 분석을 통해 향후 변화에 대한 예측이 가능해지므로 기업은 준비된 대응을 할 수 있다.

소비자 행동 분석은 기업이 고객 중심의 의사 결정을 내리고, 시장에서 성공적인 포지셔닝을 구축하는 데 필수적이다. 데이터를 기반으로 한 심층 분석은 변화하는 시장 환경 속에서 적응력을 높이고, 장기적인 성공을 가능하게 만든다.

소비자 행동 분석은 기업이 성공적으로 마케팅 전략을 수립하고, 고객과의 강력한 관계를 형성하는 데 필수적인 요소이다. 이를 통해 기업은 소비자의 요구, 선호, 구매 동기 등을 이해할 수 있으며, 이를 바탕으로 고객 만족도를 높이고 매출을 증대할 수 있다. 소비자 행동 분석이 중요한 이유는 다음과 같다.

3 소비자 행동 분석으로 기업의 성공적인 마케팅 전략

1) 효과적인 타겟 마케팅

소비자 행동 분석은 특정 시장 세그먼트를 식별하고, 각 세그먼트의 특성에 맞춘 마케팅 전략을 수립하는 데 도움을 준다. 이를 통해 기업은 자원을 효율적으로 사용하고, 마케팅 효과를 극대화할 수 있다. 예를 들어, 연령, 성별, 지역에 따른 소비자 행동을 분석함으로써 더 정교하고 맞춤형의 타겟팅이 가능하다.

2) 소비자 요구와 기대 파악

소비자 행동 분석을 통해 소비자의 요구와 기대를 이해할 수 있다. 소비자는 제품과 서비스에 대해 다양한 기대를 갖고 있으며, 이를 충족시키지 못하면 다른 브랜드로 이탈할 가능성이 높다. 분석을 통해 소비자가 어떤 기능을 선호하고, 어떤 점에 불만을 느끼는지 파악하면, 그에 맞춘 개선을 통해 소비자 만족도를 높일 수 있다.

3) 제품 및 서비스 개발에 기여

소비자 행동을 분석하면, 시장에서 아직 충족되지 않은 소비자 요구를 발견할 수 있다. 이러한 데이터는 새로운 제품이나 서비스를 개발하는 데 중요한 인사이트를 제공한다. 소비자가 원하는 기능이나 디자인 요소를 파악하여, 경쟁력 있는 제품을 만들어낼 수 있다. 또한, 기존 제품의 개선점을 찾고 혁신을 이끌어낼 수 있다.

4) 고객 유지와 충성도 증대

소비자 행동 분석을 통해 기업은 고객의 구매 패턴과 선호도를 추적하고, 이를 바탕으로 충성 고객을 유지하는 전략을 수립할 수 있다. 예를 들어, 특정 제품을 반복 구매하는 고객에게는 맞춤형 혜택을 제공하거나, 고객의 구매 주기를 분석하여 적절한 시점에 마케팅 메시지를 전달하는 등의 활동을 통해 고객 충성도를 높일 수 있다.

5) 경쟁 우위 확보

경쟁이 치열한 시장에서 소비자 행동을 깊이 이해하는 것은 큰 경쟁 우위를 제공한다. 경쟁사가 아직 파악하지 못한 소비자의 변화나 새로운 요구를 빠르게 인식하고 대응할 수 있는 기업은 시장에서의 리더십을 강화할 수 있다. 이를 통해 브랜드는 더 나은 고객 경험을 제공하고, 경쟁사와 차별화된 전략을 실행할 수 있다.

6) 마케팅 전략의 최적화

소비자 행동 분석은 마케팅 전략을 더 효율적이고 효과적으로 만들 수 있는 데이터를 제공한다. 분석 결과를 바탕으로 어떤 마케팅 채널이 가장 효과적인지, 어떤 메시지가 소비자에게 더 잘 전달되는지 파악할 수 있으며, 이를 통해 마케팅 예산을 최적화하고 ROI(Return on Investment)를 높일 수 있다.

7) 소비자 의사 결정 과정 이해

소비자 행동 분석은 구매 의사 결정 과정에서 소비자가 어떤 영향을 받는지를 이해하는 데 도움을 준다. 소비자는 다양한 단계(문제 인식, 정보 탐색, 대안 평가, 구매 결정, 구매 후 행동)를 거쳐 결정을 내리며, 각 단계에서 브랜드가 어떤 방식으로 영향을 미칠 수 있는지 파악하는 것은 매우 중요하다.

8) 트렌드와 시장 변화 예측

소비자 행동을 지속적으로 분석하면, 시장의 변화와 소비 트렌드를 예측하는 데 도움을 받을 수 있다. 소비자들의 구매 행동이 어떻게 변화하는지를 파악함으로써, 앞으로 어떤 제품이나 서비스가 인기를 끌 가능성이 있는지를 예측할 수 있다. 이를 통해 기업은 변화하는 시장에 빠르게 대응할 수 있다.

9) 위기 관리와 문제 해결

소비자 행동 분석을 통해 브랜드에 대한 부정적인 반응이나 잠재적인 위기를 미리 감지할 수 있다. 소비자 불만, 제품에 대한 부정적 피드백, 또는 특정 트렌드의 하락 등을 미리 파악하여, 적절한 대응책을 마련할 수 있다. 이를 통해 브랜드 이미지를 보호하고, 고객의 신뢰를 유지할 수 있다.

10) 장기적 성장 전략 수립

소비자 행동 분석은 단기적인 마케팅 효과뿐만 아니라, 장기적인 성장 전략을 세우는 데도 중요한 역할을 한다. 기업이 소비자의 변화하는 요구를 지속적으로 분석하고 그에 맞춰 대응한다면, 장기적인 시장 점유율 확보와 브랜드 강화를 이끌어낼 수 있다.

소비자 행동 분석은 기업이 소비자와 더욱 깊이 있는 관계를 형성하고, 변화하는 시장에서 성공적으로 경쟁하기 위한 필수적인 도구이다. 이를 통해 소비자 중심의 전략을 수립하고, 고객 만족도를 극대화하며, 지속적인 성장을 이룰 수 있다.

4 소비자 행동 분석의 중요성

소비자 행동 분석은 소비자가 제품이나 서비스를 선택하고 구매하는 과정을 이해하는 데 중요하다. 이를 통해 브랜드는 소비자의 요구와 기대를 충족시키는 맞춤형 마케팅 전략을 수립할 수 있다.

1) 소비자 행동 분석의 주요 요소

(1) 심리적 요인

- **동기**: 소비자가 특정 행동을 하게 되는 이유를 이해하는 것이다.
  기본적인 욕구, 욕망, 목표 등으로 구성된다.
- **인지**: 소비자가 정보를 수집하고 처리하는 방식이다.
  제품 인식, 태도 형성, 브랜드 이미지 등에 영향을 미친다.
- **학습**: 소비자가 경험을 통해 행동을 변화시키는 과정이다.
  브랜드에 대한 경험, 광고 노출 등을 포함한다.
- **태도**: 소비자가 특정 제품이나 브랜드에 대해 가지는 긍정적 또는 부정적 평가이다.

(2) 사회적 요인

- **참조 그룹**: 소비자가 속해 있거나 동경하는 그룹의 영향이다.
  친구, 가족, 사회적 집단 등을 포함한다.
- **사회적 지위**: 소비자의 사회적 지위와 역할이 구매 행동에 미치는 영향이다.
- **문화**: 소비자가 속한 문화와 하위 문화가 구매 행동에 미치는 영향이다.

(3) 개인적 요인

- **연령과 생애 주기 단계**: 소비자의 연령과 생애 주기 단계에 따라 구매 행동이 달라진다.

- **직업**: 소비자의 직업이 구매 능력과 선호도에 영향을 미친다.
- **라이프스타일**: 소비자의 생활 방식과 가치관이 구매 행동에 영향을 미친다.
- **경제적 상황**: 소비자의 소득 수준과 경제적 안정성이 구매 행동에 영향을 미친다.

2) 소비자 행동 분석 방법

① **설문 조사**: 소비자의 의견을 수집하기 위한 질문지를 작성하여 배포하고, 응답을 분석한다.
② **인터뷰**: 심층 인터뷰를 통해 소비자의 심리적 요인과 태도를 파악한다.
③ **관찰**: 소비자의 행동을 직접 관찰하여 구매 과정에서의 행동 패턴을 분석한다.
④ **실험**: 다양한 조건에서 소비자의 반응을 테스트하여 행동을 예측한다.
⑤ **데이터 분석**: 판매 데이터, 웹사이트 방문 기록, 소셜 미디어 활동 등을 분석하여 소비자 행동을 파악한다.

5 구매 의사결정 과정

1) 구매 의사결정 과정의 단계

구매 의사결정 과정은 소비자가 제품이나 서비스를 구매하는 과정을 설명한다. 일반적으로 다음과 같은 5가지 단계로 구성된다.

(1) 문제 인식(Problem Recognition)

소비자가 자신의 욕구나 문제를 인식하는 단계이다. 이는 내부 자극(욕구, 감정)이나 외부 자극(광고, 입소문)에 의해 발생할 수 있다.

(2) 정보 탐색(Information Search)

소비자가 문제 해결을 위해 필요한 정보를 탐색하는 단계이다. 내부 정보(기억, 과거 경험)와 외부 정보(친구, 가족, 광고, 리뷰)를 포함한다.

(3) 대안 평가(Evaluation of Alternatives)

소비자가 다양한 대안을 비교하고 평가하는 단계이다. 제품의 특징, 가격, 품질, 브랜드 이미지 등을 기준으로 한다.

(4) 구매 결정(Purchase Decision)

소비자가 특정 제품이나 서비스를 선택하고 구매 결정을 내리는 단계이다. 이 단계에서는 상표 충성도, 구매 의도, 외부 영향 등이 영향을 미칠 수 있다.

(5) 구매 후 행동(Post-Purchase Behavior)

소비자가 제품을 사용하고 평가하는 단계이다. 만족도, 재구매 의도, 입소문 등에 영향을 미친다. 만족하지 않은 경우 반품이나 불만족을 표출할 수 있다.

2) 구매 의사결정 과정에 영향을 미치는 요인

- **심리적 요인**: 소비자의 동기, 태도, 지각, 학습 등이 구매 의사결정에 영향을 미친다.
- **사회적 요인**: 참조 그룹, 가족, 사회적 지위, 문화 등이 소비자의 의사결정에 영향을 미친다.
- **상황적 요인**: 구매 상황, 시간적 요인, 구매 환경 등이 소비자의 의사결정에 영향을 미친다.
- **마케팅 믹스 요인**: 제품, 가격, 유통, 프로모션 등의 마케팅 요소가 소비자의 의사결정에 영향을 미친다.

6 브랜드 충성도와 재구매 유도

1) 브랜드 충성도의 중요성

브랜드 충성도는 소비자가 특정 브랜드를 지속적으로 선호하고 구매하는 경향을 의미한다. 브랜드의 장기적인 성공과 수익성을 높이는 데 중요한 요소이다.

2) 브랜드 충성도를 높이는 전략

① **고품질 제품 제공**: 지속적으로 고품질의 제품을 제공하여 고객의 신뢰와 만족도를 높인다.

② **일관된 브랜드 경험**: 모든 접점에서 일관된 브랜드 경험을 제공하여 고객의 기대를 충족시키고, 브랜드에 대한 신뢰를 강화한다.

③ **고객 서비스 개선**: 신속하고 친절한 고객 서비스를 제공하여 고객의 만족도를 높이고, 문제 발생 시 신속하게 대응한다.

④ **충성도 프로그램 운영**: 포인트 적립, 할인 혜택, 멤버십 프로그램 등을 통해 고객의 재구매를 유도한다.

⑤ **개인화된 마케팅**: 고객의 구매 이력과 선호도를 분석하여 개인화된 마케팅 메시지를 전달한다.

⑥ **커뮤니티 구축**: 브랜드 커뮤니티를 구축하여 고객 간의 상호작용을 촉진하고, 브랜드에 대한 충성도를 강화한다.

3) 재구매 유도 전략

① **재구매 인센티브 제공**: 재구매 시 할인 쿠폰, 무료 배송, 추가 혜택 등을 제공하여 재구매를 유도한다.

② **주기적인 연락**: 이메일 뉴스레터, SMS, 소셜 미디어 등을 통해 주기적으로 고객에게 연락하고, 새로운 제품이나 프로모션을 알린다.

③ **고객 피드백 수렴**: 고객의 피드백을 수렴하고, 이를 반영하여 제품과 서비스를 개선한다. 이는 고객이 자신의 의견이 중요하게 여겨진다는 느낌을 주어 재구매를 촉진한다.

④ **사용 후기와 추천**: 만족한 고객의 사용 후기를 공유하고, 고객이 친구나 가족에게 브랜드를 추천하도록 유도한다.

브랜드와 소비자 행동을 이해하는 것은 효과적인 마케팅 전략을 수립하는 데 필수적이다. 소비자 행동 분석을 통해 고객의 요구와 기대를 파악하고, 구매 의사결정 과정을 이해하며, 브랜드 충성도와 재구매를 유도하는 전략을 수립함으로써 브랜드의 장기적인 성공을 도모할 수 있다.

CASE STUDY

- **틱톡(TikTok, 중국):** 짧은 동영상 기반의 소셜 미디어 플랫폼 틱톡은 사용자 생성 콘텐츠와 알고리즘을 통해 전 세계적인 소비자 참여를 이끌어 내고 있다. 특히 젊은 층 사이에서 강력한 영향력을 가지고 있어, 브랜드 마케팅 전략에 적극적으로 활용되고 있다.

• 브랜드 역사

틱톡(TikTok)은 2016년 중국의 바이트댄스(ByteDance)에서 개발한 짧은 동영상 기반의 소셜 미디어 플랫폼이다. 중국에서는 더우인(Douyin)이라는 이름으로 먼저 출시되었으며, 이후 글로벌 시장을 겨냥해 틱톡이라는 이름으로 확대되었다. 틱톡은 짧고 재미있는 동영상을 누구나 쉽게 제작하고 공유할 수 있는 기능을 제공하며, 특히 **Z세대**와 **MZ세대** 사이에서 폭발적인 인기를 끌었다. 이 플랫폼은 사용자 친화적인 **콘텐츠 생성 툴**과 **강력한 알고리즘**을 통해 전 세계적으로 빠르게 확산되었다.

• 마케팅 성공의 배경

틱톡의 성공은 사용자 생성 콘텐츠(UGC)와 이를 효율적으로 전달하는 **추천 알고리즘** 덕분에 가능했다. 틱톡의 **알고리즘**은 사용자의 관심사와 상호작용에 따라 콘텐츠를 맞춤형으로 추천하며, **소비자 행동**을 강력하게 이끌어내는 요소이다.

① **사용자 생성 콘텐츠(UGC)의 힘**: 틱톡은 사용자가 직접 콘텐츠를 제작하고 이를 쉽게 공유할 수 있도록 하여, **참여 기반 플랫폼**으로 자리 잡았다. 사용자는 단순한 소비자가 아닌 **콘텐츠 창작자**로서 플랫폼에서 활발하게 활동하며, 이를 통해 자연스럽게 브랜드와 상호작용하게 된다. 브랜드는 틱톡 내에서 다양한 **챌린지**나 **해시태그 캠페인**을 통해 사용자들이 자발적으로 참여할 수 있는 기회를 제공한다.

② **맞춤형 알고리즘**: 틱톡의 For You 페이지는 사용자의 관심사에 맞는 콘텐츠를 지속적으로 추천해 준다. 이 알고리즘은 사용자가 좋아요를 누르거나 공유한 콘텐츠를 분석하여 맞춤형 콘텐츠를 제공함으로써, 사용자들이 플랫폼에 오랜 시간 머물게 만든다. 이러한 개인 맞춤형 추천 시스템은 소비자의 **구매 결정 과정**에서도 큰 영향을 미친다.

③ **인플루언서 마케팅의 결합**: 틱톡은 다양한 인플루언서들이 활동할 수 있는 플랫폼으로, 이들의 영향력을 통해 브랜드가 **빠르게 확산**된다. 많은 기업들이 틱톡 인플루언서와 협업하여 자연스러운 방식으로 제품을 홍보하고 있으며, 특히 **Z세대 소비자 행동**에 큰 영향을 미친다. 틱톡 내에서의 인플루언서 마케팅은 신뢰성과 연결성이 높아 소비자에게 더 깊은 인상을 남긴다.

• 브랜드의 특별한 점

틱톡의 특별함은 **짧은 동영상 포맷과 바이럴 콘텐츠** 생성의 용이성에 있다. 사용자는 누구나 짧은 시간 내에 창의적인 콘텐츠를 제작할 수 있으며, 이를 통해 **빠른 확산**이 가능한다. 틱톡의 **챌린지 캠페인**은 짧은 시간 안에 전 세계적으로 수백만 명의 사용자들이 참여할 수 있는 기회를 제공하며, 곧 브랜드 인지도를 급격히 높이는 효과를 가져온다. 또한, 틱톡은 **세로형 동영상**을 기본 포맷으로 하여 **모바일 사용자**에게 최적화된 환경을 제공한다. 젊은 층을 중심으로 모바일 사용이 주를 이루는 상황에서, 틱톡의 이러한 접근은 소비자들이 콘텐츠를 더욱 쉽게 소비하게 만들었다.

• 소비자 행동과의 연관성

틱톡은 **사용자 중심**의 플랫폼으로, 소비자 행동을 끌어내는 데 있어 매우 강력한 도구이다. 사용자는 자신이 좋아하는 콘텐츠를 쉽게 제작하고 공유하며, 이를 통해 다른 사용자들과의 상호작용을 활발하게 한다. 이 과정에서 브랜드는 사용자의 **참여**와 **상호작용**을 통해 자연스럽게 제품을 홍보할 수 있다. 또한, 틱톡은 **즉각적인 피드백**을 받을 수 있는 기능을 제공해 사용자들이 브랜드와 직접적으로 상호작용하도록 유도한다. 이러한 상호작용은 소비자의 **구매 의사 결정**에 큰 영향을 미치며, 소비자들은 신뢰할 수 있는 정보를 바탕으로 빠르게 행동한다.

• 결론

틱톡은 **짧은 동영상 기반의 콘텐츠와 사용자 참여형 플랫폼**을 결합하여 글로벌 시장에서 엄청난 인기를 끌고 있다. 특히, **알고리즘과 인플루언서 마케팅**을 결합한 전략은 소비자 행동을 강력하게 이끌어내는 데 중요한 역할을 했다. 틱톡은 앞으로도 **소비자 참여**와 **콘텐츠 생성**을 중심으로 한 마케팅 전략을 통해 브랜드와 소비자 간의 상호작용을 강화할 수 있을 것으로 기대된다.

Work Sheet - 07

교과목:

학번:

이름:

브랜드와 소비자행동에 대해 작성하시오.

1. 소비자 행동 분석 방법?

2. 구매 의사결정 과정의 단계?

3. 브랜드 충성도를 높이는 전략?

CHAPTER
08

글로벌 브랜드 마케팅

글로벌 브랜드 마케팅은 전 세계 여러 국가와 문화에 걸쳐 일관된 브랜드 이미지를 유지하면서도 각 지역의 특수성을 반영한 마케팅 전략을 수립하는 과정이다. 글로벌 시장에서 브랜드의 인지도를 높이고, 다양한 지역의 소비자에게 효과적으로 다가가는 데 필수적이다.

글로벌 브랜드 마케팅은 브랜드가 다양한 시장에서 성공적으로 확장하고, 현지 문화와 소비자 요구에 맞게 적응하는 데 중요하다. 글로벌 브랜드 확장 전략, 문화적 적응과 현지화 전략으로 성공적인 글로벌 브랜드 사례를 통해 브랜드는 글로벌 시장에서 경쟁력을 유지하고 성장할 수 있다.

CHAPTER

08

글로벌 브랜드 마케팅

글로벌 브랜드 마케팅은 전 세계 다양한 시장에서 브랜드를 성공적으로 확장하고, 현지 문화와 소비자 요구에 맞게 적응시키는 전략을 포함한다. 이 장에서는 글로벌 브랜드 확장 전략, 문화적 적응과 현지화 전략, 글로벌 브랜드 성공 사례에 대해 학습한다.

글로벌 브랜드 마케팅은 전 세계 여러 국가와 문화에 걸쳐 일관된 브랜드 이미지를 유지하면서도 각 지역의 특수성을 반영한 마케팅 전략을 수립하는 과정이다. 이는 글로벌 시장에서 브랜드의 인지도를 높이고, 다양한 지역의 소비자에게 효과적으로 다가가는 데 필수적이다. 글로벌 브랜드 마케팅의 성공은 일관성과 현지화(Localization)의 균형을 얼마나 잘 맞추는가에 달려 있다.

1 글로벌 브랜드 마케팅의 주요 요소

브랜드 일관성(Consistency) 글로벌 브랜드는 모든 시장에서 동일한 핵심 메시지와 이미지를 유지해야 한다. 브랜드가 전달하고자 하는 가치와 핵심 정체성은 모든 지역에서 동일하게 전달되어야만 전 세계 소비자에게 신뢰를 줄 수 있다. 이를 통해 브랜드는 글로벌 인지도를 형성하고, 동일한 브랜드로 인식될 수 있다.

글로벌 시장 조사(Global Market Research)로 글로벌 브랜드 마케팅을 성공적으로 수행하려면, 각 지역의 시장을 심층적으로 이해해야 한다. 이를 위해 글로벌 시장 조사는 필수적이며, 이를 통해 각국 소비자의 행동 패턴, 문화적 차이, 경쟁 상황 등을 파악할 수 있다. 시장 조사는 마케팅 전략 수립, 제품 현지화, 가격 정책 결정 등에 중요한 자료를 제공한다.

디지털 마케팅과 소셜 미디어 인터넷과 소셜 미디어의 발달로 글로벌 브랜드 마케팅은 디지털 플랫폼을 중심으로 더욱 확장되고 있다. 소셜 미디어를 통해 전 세계 소비자와 실시간으로 소통하고, 디지털 광고를 활용해 다양한 국가의 소비자에게 맞춤형 메시지를 전달할 수 있다. 또한, 글로벌 브랜드는 각국의 소셜 미디어 플랫폼을 효과적으로 활용해야 한다.

가격 전략과 경제적 차이 고려 각국의 경제 상황과 소비자 구매력에 따라 가격 전략도 달라져야 한다. 글로벌 브랜드는 지역별 구매력, 세금, 환율 등을 고려하여 제품의 가격을 조정할 필요가 있다. 또한, 각국에서 제품의 가격이 소비자에게 어떻게 인식되는지에 따라 프리미엄 전략, 경제적인 가격 전략 등을 구사할 수 있다.

다문화 인식과 문화적 감수성(Cultural Sensitivity) 문화적 차이는 글로벌 브랜드 마케팅에서 매우 중요한 요소이다. 소비자의 문화적 배경을 존중하고, 이를 마케팅 메시지와 제품에 반영하는 것이 필수적이다. 문화적 오해나 실수를 피하기 위해, 브랜드는 지역 문화에 대한 깊은 이해와 민감성을 가져야 한다.

2 글로벌 브랜드 확장 전략

글로벌 브랜드 확장 전략은 기존 브랜드를 새로운 국가나 지역으로 확장하는 과정에서 필요한 일련의 계획과 실행을 의미한다. 이 전략은 글로벌 시장에서 브랜드의 인지도를 높이고, 수익을 극대화하기 위한 중요한 요소이다. 글로벌 브랜드 확장을 성공적으로 수행하려면 철저한 시장 조사와 현지화 전략, 그리고 효율적인 실행이 필요하다.

③ 글로벌 브랜드 확장 전략의 주요 요소

시장 조사(Market Research) 글로벌 확장의 첫 단계는 타겟 국가 또는 지역에 대한 철저한 시장 조사이다. 이를 통해 해당 시장의 경제 상황, 경쟁 환경, 소비자 행동, 문화적 차이 등을 파악할 수 있다. 주요 고려 사항은 다음과 같다.

1) 소비자 수요

소비자가 제품 또는 서비스를 필요로 하는지, 시장에 진입할 준비가 되어 있는지 확인해야 한다.

2) 경쟁 분석

현지 경쟁 브랜드의 강점과 약점을 분석하여, 경쟁 우위를 확보할 수 있는 전략을 마련해야 한다.

3) 정책 및 규제

각국의 법적, 규제적 환경을 파악하여 진입 전략을 세워야 한다.
브랜드 확장을 위한 진입 전략(Entry Strategy)은 다양한 방식이 있으며, 각 전략은 시장 상황과 회사의 목표에 따라 다르게 선택될 수 있다.
주요 진입 전략은 다음과 같다.

4 주요 진입 전략

1) 직접 진출(Direct Investment)

현지에 직접 생산 시설이나 판매망을 구축하는 방식으로, 시장에서의 통제력을 높일 수 있지만, 높은 초기 비용이 든다.

- **합작 투자(Joint Venture)**: 현지 파트너와 협력하여 리스크를 분담하고, 현지 시장에 대한 지식을 활용할 수 있는 방식이다.

2) 프랜차이즈(Franchising)

브랜드 이름을 현지 파트너에게 사용하게 하고, 그에 따른 로열티를 받는 형태로, 리스크를 낮추면서 빠르게 확장할 수 있는 방법이다.

3) 라이선싱(Licensing)

현지 기업에 브랜드 사용 권리를 부여하는 방식으로, 리스크는 적지만 통제력이 낮다.

4) 제3자 유통 계약(Distributor Agreement)

현지 유통업체와 계약을 맺어 제품을 판매하는 방식으로, 신속하게 시장에 진입할 수 있다.

5) 현지화 전략(Localization)

글로벌 확장에서 가장 중요한 요소 중 하나는 현지화이다. 현지 소비자의 문화, 관습, 선호도 등을 고려하여 제품이나 서비스를 현지 시장에 맞게 조정하는 것이 필요하다. 주요 현지화 전략은 다음과 같다.

(1) 제품 현지화

현지 소비자의 기호에 맞는 제품을 개발하거나, 기존 제품을 수정해야 할 수 있다. 예를 들어, 맥도날드는 각국의 식문화에 맞춰 메뉴를 다양하게 조정한다.

(2) 가격 전략

각국의 경제 상황과 소비자 구매력에 맞춰 가격을 책정해야 한다. 한 나라에서는 프리미엄 가격 전략이 효과적일 수 있지만, 다른 나라에서는 가격 민감도가 높을 수 있다.

(3) 마케팅 메시지 현지화

글로벌 브랜드의 핵심 메시지는 일관성을 유지하면서도, 각국의 문화적 특성에 맞춘 광고와 커뮤니케이션 전략이 필요하다.

(4) 언어 현지화

광고, 웹사이트, 제품 설명 등에서 현지 언어로 커뮤니케이션하는 것이 중요하다.

브랜드 일관성 유지(Brand Consistency). 글로벌 확장에서 현지화가 중요하지만, 동시에 글로벌 브랜드의 일관성을 유지하는 것도 중요하다. 브랜드의 핵심 가치, 비전, 아이덴티티는 모든 시장에서 동일하게 전달되어야 소비자가 브랜드에 대해 일관된 인식을 가질 수 있다. 브랜드 로고, 컬러, 핵심 메시지 등은 통일성을 유지해야 하며, 이를 통해 브랜드의 글로벌 인지도를 강화할 수 있다.

유통망 구축(Distribution Network). 글로벌 시장에서 성공적으로 브랜드를 확장하려면, 효율적인 유통망을 구축하는 것이 필수적이다. 현지 유통망을 통해 소비자가 제품을 쉽게 접근할 수 있도록 해야 하며, 이를 위해 현지 파트너와의 협력이 중요할 수 있다. 특히 온라인 쇼핑의 중요성이 커짐에 따라, 전자상거래 플랫폼을 적극적으로 활용하는 것도 중요한 전략 중 하나이다.

디지털 마케팅과 소셜 미디어 활용 디지털 마케팅은 글로벌 확장에서 매우 강력한 도구이다. 소셜 미디어, 검색 광고, 인플루언서 마케팅 등을 통해 각국 소비자에게 브랜드를 노출하고 소통할 수 있다. 각 지역에서 인기 있는 디지털 플랫폼을 잘 활용하는 것이 중요하다.

예를 들어, 중국에서는 웨이보, 인도에서는 Whats App과 같은 플랫폼이 중요한 마케팅 도구로 사용될 수 있다.

문화적 감수성(Cultural Sensitivity). 글로벌 확장 시 문화적 차이에 대한 민감성은 매우 중요하다. 각국의 문화적, 종교적, 사회적 배경을 존중하지 않으면, 소비자의 반감을 살 수 있으며 브랜드 이미지에 큰 손상을 입을 수 있다. 이를 방지하기 위해 현지 전문가의 자문을 받고, 현지 문화를 깊이 이해하는 것이 필수적이다.

현지 인재 고용(Local Talent Hiring). 글로벌 시장에서 성공적으로 확장하려면 현지 인재의 고용이 필요하다. 현지 시장에 대한 지식이 풍부한 인재는 기업이 시장 진출에 필요한 통찰을 제공하고, 현지 소비자와의 관계를 원활하게 관리하는 데 도움을 줄 수 있다. 또한, 현지 인재는 브랜드가 현지 문화와 규제에 맞는 경영을 할 수 있도록 지원한다.

5 글로벌 브랜드 마케팅의 도전 과제

법적 및 규제 차이 각국의 법률과 규제는 상이하며, 광고, 제품 포장, 판매 방식에 관한 규정이 다를 수 있다. 글로벌 브랜드는 현지 법규를 준수하면서도 일관된 브랜드 이미지를 유지해야 하며, 각국의 법적 환경을 철저히 분석하고 이에 맞는 전략을 구사해야 한다.

경쟁 환경 글로벌 시장에서는 현지 기업들과의 치열한 경쟁이 발생한다.

현지 기업들은 자국 시장에 대한 깊은 이해와 네트워크를 가지고 있기 때문에, 글로벌 브랜드는 차별화된 가치와 현지화 전략을 통해 경쟁 우위를 확보해야 한다.

커뮤니케이션 장벽 언어와 문화의 차이는 커뮤니케이션에서 큰 장벽이 될 수 있다. 특히 광고나 마케팅 메시지가 잘못 해석되거나, 현지의 문화적 맥락에서 부적절하게 받아들여질 수 있다. 이에 따라 각국의 언어와 문화에 대한 철저한 이해를 바탕으로 커뮤니케이션 전략을 수립하는 것이 중요하다.

경제적 불안정성 글로벌 확장은 경제 상황의 변동에 영향을 받을 수 있다. 환율 변동, 경제 침체, 정치적 불안정성 등은 글로벌 브랜드 확장에 리스크를 초래할 수 있다.

문화적 오해 현지 문화에 대한 이해가 부족할 경우 마케팅 메시지가 오해를 일으킬 수 있으며, 이는 브랜드 이미지에 큰 타격을 줄 수 있다. 문화적 감수성을 충분히 고려하지 않으면, 소비자에게 거부감을 줄 수 있다.

글로벌 브랜드 확장 전략은 각국 시장의 특성에 맞춰 현지화 하면서도 브랜드의 핵심 가치를 유지하는 것이 성공의 열쇠이다. 철저한 시장 조사, 현지화 전략, 효율적인 유통망 구축, 디지털 마케팅의 활용 등을 통해 글로벌 시장에서의 성공적인 확장을 이루어 낼 수 있다.

6 글로벌 브랜드 마케팅의 성공 사례

(1) 맥도날드(McDonald's)

맥도날드는 각국의 문화와 식습관에 맞추어 현지화된 메뉴를 제공하는 대표적인 글로벌 브랜드다. 다음의 예를 살펴보자.

- 인도: 힌두교의 전통을 존중해, 소고기를 사용하지 않고, 채식주의자들을 위한 맥알루 티키 버거와 같은 메뉴를 제공하고 있다.

- **한국**: 한국의 입맛에 맞춘 불고기 버거와 상하이 스파이시 치킨 버거를 판매하며, 한국인이 즐기는 반찬인 김치도 세트에 포함되게 했다.
- **일본**: 일본식 된장과 장아찌를 사용한 제품을 선보였고, 시즌 한정으로 새우 버거 같은 메뉴를 출시해 일본 소비자의 취향에 맞춘 선택을 제공했다.

(2) 스타벅스(Starbucks)

스타벅스는 세계 각국에서 현지 문화에 맞춘 제품을 출시해 성공한 현지화 전략을 사용했다.

- **중국**: 중국의 차 문화를 반영해 다양한 차 음료와 녹차 라떼, 차이 티 라떼 같은 음료를 제공했다. 또한 중국식 다과류도 메뉴에 추가해 현지화 전략을 실행했다.
- **일본**: 일본에서는 전통적인 다과류와 사쿠라 라떼 같은 계절 한정 메뉴를 통해 일본 소비자와의 정서적 연결을 강화했다.
- **한국**: 한국의 명절인 추석과 설에 맞춘 특별 상품을 출시하고, 한국 소비자들이 좋아하는 고구마 라떼 같은 현지화된 메뉴를 판매했다.

(3) KFC

KFC 역시 각국의 음식 문화를 반영한 현지화 전략을 도입했다.

- **중국**: 중국에서는 전통적인 아침 식사를 반영해 콘지(죽), 두유 같은 메뉴를 제공했다. 또한 현지의 입맛에 맞게 짭짤한 닭튀김뿐만 아니라 중국식 조미료를 활용한 닭 요리도 선보였다.
- **인도**: KFC는 인도의 다양한 채식 문화와 힌두교 문화에 맞춰, 채식 메뉴를 확대하고, 소고기와 돼지고기 대신 닭고기 중심의 메뉴를 주력으로 삼았다.

(4) 코카콜라(Coca-Cola)

코카콜라는 글로벌 시장에서 동일한 메시지인 '행복'을 전달하면서도 현지화된 마케팅을 통해 성공했다.

- **라틴 아메리카**: 라틴 아메리카 시장에서는 가족과의 시간을 강조하는 광고를 통해 지역 문화와 정서적 연결을 강화했다.
- **중국**: 중국의 음력 새해 시즌에는 '행복'과 '번영'을 상징하는 메시지를 담은 한정판 패키지를 출시해 큰 인기를 끌었다.

이처럼 현지화 전략은 글로벌 브랜드가 각 지역의 문화, 식습관, 언어, 사회적 가치에 맞게 조정된 제품과 마케팅 메시지를 제공해 성공적인 시장 진출을 이끌어내는 핵심 전략이다.

(5) 피지오겔(Physiogel)

더모코스메틱 브랜드로, 피부에 자극이 적은 기초 화장품을 제공하는 신생 기업이다. 피지오겔은 유럽과 아시아를 중심으로 빠르게 확장했으며, 현지 맞춤형 마케팅 전략을 펼쳤다.

- **한국**: 피지오겔은 민감성 피부와 피부 장벽 강화를 강조한 마케팅을 통해 피부 고민이 많은 소비자에게 큰 인기를 얻었다. 여드름 피부와 민감한 피부를 위한 제품군을 중심으로 다양한 마케팅 캠페인을 진행했다.
- **중국**: 중국 시장에서는 피부 개선을 중심으로 미백과 보습을 강조한 마케팅 전략을 펼쳤다. 유명 인플루언서와의 협업을 통해 제품 인지도를 높였으며, 상위 소비층을 타겟으로 한 마케팅을 진행했다.
- **동남아시아**: 동남아시아에서는 습한 기후와 열대성 피부 문제를 반영하여 수분 공급과 피부 진정을 강조한 마케팅 전략을 사용했다. 또한, 저렴한 가격대와 편리한 사용법을 강조하며 시장을 확장했다.

※ 잘못된 슬로건 번역으로 인한 글로벌 브랜드 마케팅 실패 사례

펩시의 중국 시장 실패 사례는 글로벌 브랜드가 현지화 과정에서 문화적 차이를 고려하지 않았을 때 발생할 수 있는 문제를 보여주는 대표적인 사례다.

(1) 사례 개요

펩시는 중국 시장에서 "Pepsi Brings You Back to Life"라는 슬로건을 사용하며 진출을 시도했다. 이 슬로건을 중국어로 번역하는 과정에서 문제가 발생했는데, 슬로건을 직역한 "百事可乐带你回到生命"는 문자 그대로 해석하면 "**펩시가 당신을 다시 삶으로 데려온다**"는 의미였다. 그러나 중국어에서는 이 표현이 "죽은 조상들이 다시 살아난다"는 뜻으로 해석될 수 있어, 현지 소비자들에게 혼란과 부정적인 반응을 일으켰다.

(2) 실패 요인

① 문화적 이해 부족: 중국에서는 조상을 숭배하고 죽은 자를 경외하는 문화적 배경이 강하다. 따라서 "죽은 자의 부활"과 같은 표현은 중국 소비자들에게 매우 부적절하게 받아들여졌다. 이는 펩시가 현지 문화를 깊이 이해하지 못한 데서 비롯된 문제다.

② 번역 과정의 오류: 글로벌 브랜드는 각국의 언어와 문화를 고려해 슬로건을 현지화해야 한다. 펩시의 경우, 단순한 직역을 통해 현지 소비자들이 공감하기 어려운 메시지를 전달하게 됐다. 번역에서의 현지화 작업이 충분하지 않았던 것이 주요 원인이었다.

(3) 결과 및 교훈

펩시의 중국 시장 실패 사례는 글로벌 브랜드가 현지 시장에 진출할 때, 각국의 문화적 차이를 철저히 고려하고, 현지 소비자들에게 긍정적으로 받아들여질 수 있는 마케팅 메시지를 전달하는 것이 필수적임을 보여준다.

단순한 언어 번역이 아니라, 문화적 맥락을 반영한 세심한 현지화 전략이 필요하며, 이를 통해 브랜드는 글로벌 시장에서 신뢰를 구축하고 성공적으로 자리잡을 수 있다.

7 글로벌 브랜드 확장의 중요성

글로벌 브랜드 확장은 기업이 새로운 시장에 진출하여 성장 기회를 찾고, 브랜드 인지도를 높이며, 수익을 극대화하는 데 중요한 역할을 한다. 글로벌 확장은 또한, 기업이 다양한 경제적, 문화적 환경에서 경쟁력을 유지하도록 한다.

1) 글로벌 브랜드 확장 전략

(1) 시장 조사 및 분석

- 목표 시장의 경제적, 문화적, 정치적 환경을 분석하여 시장 진출 가능성을 평가한다.
- 소비자 행동, 경쟁 상황, 법적 규제 등을 조사하여 진출 전략을 수립한다.

(2) 표준화와 현지화의 균형

- 글로벌 브랜드는 표준화된 아이덴티티와 메시지를 유지하면서도 현지 시장에 맞게 적응해야 한다.
- 브랜드의 핵심 가치는 유지하되, 제품, 가격, 프로모션, 유통 전략을 현지화 한다.

(3) 진출 방식 선택

- 직접 투자, 합작 투자, 프랜차이즈, 라이선싱 등 다양한 진출 방식을 고려한다.

- 각 진출 방식의 장단점을 분석하고, 목표 시장에 가장 적합한 방식을 선택한다.

(4) 브랜드 포지셔닝

- 목표 시장에서 브랜드를 어떻게 포지셔닝할지 결정한다. 브랜드의 차별화 요소와 고객 가치 제안을 명확히 하는 것을 포함한다.

(5) 마케팅 믹스 전략

- 제품, 가격, 유통, 프로모션의 4P 전략을 현지 시장에 맞게 조정한다.
- 현지 소비자의 요구와 기대에 부응하는 제품을 개발하고, 적절한 가격 정책을 수립하며, 효과적인 유통 채널과 프로모션 전략을 채택한다.

2) 글로벌 브랜드 관리

(1) 일관된 브랜드 메시지 유지

- 모든 시장에서 일관된 브랜드 메시지를 유지하여 글로벌 브랜드 아이덴티티를 강화한다.

(2) 현지 팀과의 협력

- 현지 팀과 협력하여 시장의 요구를 반영하고, 효과적인 마케팅 전략을 수립한다.

(3) 지속적인 모니터링과 피드백

- 각 시장에서의 브랜드 성과를 지속적으로 모니터링하고, 피드백을 수집하여 전략을 개선한다.

8 문화적 적응과 현지화 전략

1) 문화적 적응의 중요성

문화적 적응은 글로벌 브랜드가 현지 시장에서 성공하기 위해 필수적인 요소이다. 문화적 차이를 이해하고, 이를 반영한 마케팅 전략을 수립함으로써 브랜드는 현지 소비자에게 더 잘 다가갈 수 있다.

2) 문화적 적응과 현지화 전략

(1) 언어 현지화

- 브랜드 메시지와 마케팅 자료를 현지 언어로 번역한다. 단순한 번역이 아니라, 현지 문화와 감정을 반영한 번역이 중요하다.

(2) 제품 현지화

- 현지 소비자의 기호와 요구에 맞게 제품을 조정하거나 새로운 제품을 개발한다. 예를 들어, 음식 브랜드는 현지 식문화를 반영한 메뉴를 추가할 수 있다.

(3) 브랜드 커뮤니케이션 현지화

- 광고와 프로모션 메시지를 현지 문화에 맞게 조정한다. 현지 유명 인사, 문화적 아이콘, 공휴일 등을 활용하는 것을 포함한다.

(4) 가격 전략 현지화

- 현지 시장의 경제적 상황과 소비자 구매력을 고려하여 가격 전략을 수립한다. 가격 민감도가 높은 시장에서는 경쟁력 있는 가격 정책이 중요하다.

(5) 유통 채널 현지화

- 현지 소비자에게 접근하기 쉬운 유통 채널을 선택한다. 전통적인 소매점, 온라인 플랫폼, 현지 유통 파트너 등을 포함할 수 있다.

(6) 문화적 감수성

- 현지 문화를 존중하고, 민감한 이슈를 피하는 것이 중요하다. 현지 소비자와의 긍정적인 관계를 유지하는 데 도움이 된다.

글로벌 브랜드 마케팅은 브랜드가 다양한 시장에서 성공적으로 확장하고, 현지 문화와 소비자 요구에 맞게 적응하는 데 중요하다. 글로벌 브랜드 확장 전략, 문화적 적응과 현지화 전략, 그리고 성공적인 글로벌 브랜드 사례를 통해 브랜드는 글로벌 시장에서 경쟁력을 유지하고 성장할 수 있다. 이러한 내용을 통해 독자들은 글로벌 브랜드 마케팅의 중요성과 구체적인 실행 방법을 깊이 있게 이해할 수 있을 것이다.

CASE STUDY

- **페어**(류현주, & 이연준. (2016). 플래그쉽 스토어를 통한 브랜드 경험이 브랜드 소비자-관계에 미치는 영향에 관한 연구-아이웨어 브랜드 젠틀몬스터 사례를 중심으로. *기초조형학연구, 17*(2), 101-111., 미국): 소매업체와 독립 제작자들을 연결하는 B2B 전자상거래 플랫폼으로, 전 세계 소매업자들이 현지 제품을 손쉽게 구매하고 판매할 수 있도록 지원하는 글로벌 비즈니스 전략을 통해 빠르게 성장하고 있다.

● 브랜드 역사

페어(Faire)는 2017년에 설립된 미국의 B2B 전자상거래 플랫폼으로, 소매업체와 독립 제작자, 브랜드들을 연결해주는 중개 플랫폼이다. 소매업체들이 전 세계의 다양한 독립 제작자들과 쉽게 거래할 수 있도록 하여, 독립 디자이너와 브랜드들이 넓은 시장에 접근할 수 있는 기회를 제공한다. 페어는 특히 **현지화된 제품**을 세계 각국의 소매업체에게 제공하는 것을 목표로 하고 있으며, 글로벌 네트워크를 통해 빠르게 성장했다.

● 마케팅 성공의 배경

페어의 성공은 **소매업자와 제작자를 연결하는 플랫폼의 편리성과 글로벌 비즈니스 전략**에 있다. 페어는 단순히 중개 서비스를 제공하는 것이 아니라, **글로벌 네트워크**를 활용해 각 지역의 특색 있는 제품을 전 세계 시장에 유통할 수 있는 **현지화된 전략**을 구사하고 있다.

① 글로벌 네트워크 확장: 페어는 다양한 국가의 **소규모 브랜드**와 **독립 제작자**를 발굴하여, 이들이 전 세계 시장에서 활동할 수 있는 기회를 제공한다. 이러한 접근은 글로벌 소매업자들이 **현지 특색**이 담긴 제품을 쉽게 구매하고 판매할 수 있도록 하며, 각 지역의 시장 요구에 맞춘 제품을 공급하는 데 중요한 역할을 한다. 또한, 소매업체들이 지역 시장의 트렌드를 쉽게 반영할 수 있도록 다양한 제품군을 제공함으로써, 전 세계적으로 빠르게 확산할 수 있었다.

② 편리한 주문 및 관리 시스템: 페어는 소매업자들이 쉽게 제품을 주문하고, 재고를 관리할 수 있는 **사용자 친화적인 플랫폼**을 제공한다. 특히, 소매업체들이 원하는 조건에 맞는 제품을 찾고 주문할 수 있도록 다양한 필터와 검색 기능을 제공하며, 이를 통해 글로벌 시장에서도 쉽게 거래가 가능하다. 이 편리성은 소매업자들이 **재고 관리**와 **유통**에서 겪는 문제를 해결해 준다.

③ 글로벌 현지화 전략: 페어는 각국의 소매업체들이 그들의 지역 문화와 소비자 성향에 맞는 **현지 제품**을 쉽게 공급받을 수 있도록 지원한다. 이를 통해 글로벌 소비자들의 다양한 요구를 충족시키면서도, 독립 제작자들이 전 세계 시장에 쉽게 진출할 수 있도록 돕는다. 현지화된 접근은 페어가 글로벌 시장에서 경쟁력을 갖추게 한 핵심 전략 중 하나이다.

• 브랜드의 특별한 점

페어의 특별함은 **B2B 전자상거래 플랫폼**을 통해 **소규모 제작자와 글로벌 소매업체를 연결**한다는 점에 있다. 전통적인 도매 유통 구조를 혁신하여, **독립 제작자들이 글로벌 시장에 접근할 수 있는 기회**를 제공한다. 또한, 소매업자들이 **다양한 제품을 쉽게 찾아 주문**할 수 있게 하여, 글로벌 시장에서의 유통을 간소화하고 있다.

페어는 특히 **유연한 주문 조건**을 제공하여 소매업체들이 작은 양으로도 제품을 주문할 수 있도록 지원하며, **반품 정책**을 통해 소매업체의 리스크를 최소화한다. 이러한 **소매업자 친화적인 서비스**는 페어가 빠르게 성장하는 데 중요한 역할을 했다.

• 글로벌 브랜드 마케팅 전략

페어는 **온라인 마케팅**과 **오프라인 네트워크**를 결합하여 글로벌 확장을 진행하고 있다. 소매업체들이 페어 플랫폼을 통해 다양한 독립 브랜드를 발견하고 구매할 수 있도록 **디지털 광고**와 **검색 최적화**(SEO) 전략을 적극 활용하며, 다양한 국가의 **현지화된 마케팅**을 진행한다.

또한, 페어는 **글로벌 무역 박람회나 페어 주최의 독립 브랜드 행사**를 통해 소매업체와 제작자 간의 **오프라인 네트워크 형성**도 촉진한다. 이를 통해 전 세계의 소매업체들이 새로운 브랜드와 제품을 발굴하고, 거래할 수 있는 기회를 확대한다.

• 결론

페어는 **소매업자와 독립 제작자들을 연결하는 글로벌 B2B 전자상거래 플랫폼**으로서, 독특한 제품을 글로벌 시장에 제공하는 데 강력한 입지를 구축하고 있다. **글로벌 네트워크 확장과 현지화된 마케팅 전략**을 통해, 페어는 전 세계 소매업자들이 독립적인 브랜드와의 거래를 간소화할 수 있는 기회를 제공하며, **소매업체 친화적인 서비스**로 빠르게 성장하고 있다. 앞으로도 페어는 글로벌 비즈니스 전략을 통해 더욱 강력한 글로벌 유통 플랫폼으로 자리 잡을 가능성이 크다.

Work Sheet - 08

교과목:

학번:

이름:

글로벌 브랜드 마케팅에 대해 작성하시오.

1. 글로벌 브랜드 확장 전략?

2. 글로벌 브랜드 관리?

3. 문화적 적응과 현지화 전략?

BRAND MARKETING

CHAPTER

09

브랜드 평판 관리

브랜드 평판 관리는 브랜드가 긍정적인 이미지를 유지하고, 고객과 시장에서 신뢰를 구축하는 데 중요한 요소이다. 온라인 평판 관리, 위기 대응과 리스크 관리, 평판 회복 전략을 통해 브랜드는 다양한 상황에서 평판을 보호하고, 위기 이후에도 신뢰를 회복할 수 있다. 이러한 내용을 통해 독자들은 브랜드 평판 관리의 중요성과 구체적인 실행 방법을 깊이 있게 이해할 수 있을 것이다.

소비자 신뢰 확보 브랜드 평판은 소비자 신뢰와 직결된다.

긍정적인 평판을 유지하는 브랜드는 소비자로부터 더 높은 신뢰를 얻으며, 구매 결정에 큰 영향을 미친다. 소비자들은 신뢰할 수 있는 브랜드의 제품과 서비스를 더 선호하고, 이에 따라 고객 충성도가 증가한다.

브랜드 평판 관리

브랜드 평판 관리는 브랜드가 고객과 시장에서 긍정적인 이미지를 유지하고, 신뢰를 구축하는 데 중요한 역할을 한다. 이 장에서는 온라인 평판 관리, 위기 대응과 리스크 관리, 평판 회복 전략에 대해 학습한다.

브랜드 평판 관리(Brand Reputation Management)는 기업이나 브랜드의 대내외적 이미지를 모니터링하고, 긍정적인 평판을 유지하며, 부정적인 평판을 최소화하는 과정이다. 브랜드 평판은 기업의 장기적인 성공에 중요한 영향을 미치기 때문에 체계적이고 전략적인 관리가 필요하다. 디지털 시대에는 소비자의 목소리가 즉각적으로 전파되고, 브랜드에 대한 평가는 실시간으로 이루어지므로 평판 관리는 더욱 중요해졌다.

1 브랜드 평판 관리의 중요성

소비자 신뢰 확보 브랜드 평판은 소비자 신뢰와 직결된다. 긍정적인 평판을 유지하는 브랜드는 소비자로부터 더 높은 신뢰를 얻으며, 구매 결정에 큰 영향을 미친다. 소비자들은 신뢰할 수 있는 브랜드의 제품과 서비스를 더 선호하고, 이에 따라 고객 충성도가 증가한다.

경쟁 우위 확보 긍정적인 평판을 가진 브랜드는 시장에서 경쟁 우위를 가질 수 있다. 같은 품질과 가격의 제품이라도 평판이 좋은 브랜드는 더 높은 가치를 제공하는 것으로 인식되며, 소비자들이 기꺼이 더 많은 비용을 지불할 가능성이 크다.

위기 상황 관리 부정적인 사건이나 위기가 발생했을 때, 평판 관리는 기업이 신속하게 문제를 해결하고 피해를 최소화하는 데 중요한 역할을 한다. 잘 관리된 평판은 위기 상황에서도 브랜드가 신속하게 신뢰를 회복할 수 있도록 도와준다.

투자 유치와 비즈니스 기회 창출 긍정적인 브랜드 평판은 투자자, 파트너사, 직원들에게도 긍정적인 신호로 작용한다. 기업이 신뢰할 수 있고 안정적인 이미지를 유지하면 더 많은 투자 기회와 비즈니스 협력 기회를 얻게 된다.

2 브랜드 평판 관리의 주요 전략

온라인 모니터링 및 소셜 리스닝 디지털 시대에는 소셜 미디어, 블로그, 리뷰 사이트 등 다양한 온라인 채널에서 브랜드에 대한 이야기가 끊임없이 오가고 있다. 온라인 모니터링을 통해 브랜드에 대한 소비자의 의견과 반응을 실시간으로 파악하고, 이를 관리하는 것이 중요하다.

- 소셜 리스닝(Social Listening): 소셜 미디어에서 브랜드에 대한 언급을 추적하고, 소비자 피드백을 분석하여 문제를 신속하게 파악한다. 이를 통해 위기 상황을 예방하고, 긍정적인 소비자 경험을 강화할 수 있다.
- 리뷰 관리: 제품 리뷰 사이트나 구글 등에서의 리뷰는 소비자 신뢰에 큰 영향을 미친다. 긍정적인 리뷰를 촉진하고, 부정적인 리뷰에 신속하고 성실하게 대응하는 것이 중요하다.

위기 관리 계획 수립 브랜드 평판을 유지하기 위해서는 위기 관리 계획 (Crisis Management Plan)이 필요하다. 위기 상황은 언제든지 발생할 수 있으며, 이때 신속하고 적절한 대응이 이루어져야 브랜드 평판에 큰 타격을 입지 않을 수 있다. 위기 관리 계획에는 다음과 같은 요소가 포함되어야 한다.

- **위기 대응 팀 구성**: 위기 발생 시 빠르고 일관되게 대응할 수 있는 팀을 미리 구성해야 한다.
- **커뮤니케이션 전략**: 위기 발생 시 언론, 소비자, 직원 등 이해관계자와 어떻게 소통할지에 대한 구체적인 계획을 세워야 한다.
- **문제 해결 및 개선 조치**: 위기의 원인을 해결하고 재발 방지 대책을 마련하는 것이 중요하다.

투명하고 일관된 커뮤니케이션 브랜드 평판을 관리하는 데 있어 투명성과 일관성은 매우 중요하다. 소비자와의 커뮤니케이션에서 진실을 말하고, 브랜드가 약속한 가치와 행동이 일치해야 한다. 투명한 정보 공개는 브랜드에 대한 신뢰를 높이고, 위기 상황에서도 브랜드를 지지하는 고객을 확보할 수 있다.

- **사과와 책임 인정**: 문제가 발생했을 때 즉각적으로 사과하고 책임을 인정하는 것은 신뢰 회복의 중요한 요소이다.
- **적극적인 소통**: 브랜드의 가치와 성과를 지속적으로 소비자에게 전달하고, 긍정적인 이미지를 강화하기 위한 활동을 홍보하는 것도 평판 관리의 일환이다.

CSR(기업의 사회적 책임) 활동 강화 기업의 사회적 책임(Corporate Social Responsibility, CSR)을 다하는 브랜드는 긍정적인 평판을 형성할 수 있다. 사회적, 환경적 문제에 대한 관심을 가지고, 지역 사회에 기여하는 활동을 통해 소비자와의 감정적인 연결을 강화할 수 있다. CSR 활동은 브랜드에 대한 호감도를 높이고, 위기 발생 시 브랜드를 방어하는 중요한 요소가 될 수 있다.

- **환경 보호 활동**: 지속 가능성을 강조하고, 환경 보호를 위한 활동에 참여하는 것은 소비자들에게 긍정적인 영향을 준다.
- **사회 공헌 활동**: 자선 단체와의 협력, 지역 사회 발전을 위한 프로젝트 참여 등을 통해 브랜드는 사회적 책임을 다하고 있다는 이미지를 강화할 수 있다.

내부 직원과의 소통 브랜드 평판은 외부뿐만 아니라 내부 직원의 만족도와도 밀접한 관련이 있다. 직원들은 브랜드의 첫 번째 고객이자 대상으로, 이들의 만족도는 외부 평판에도 영향을 미친다. 브랜드 가치를 직원들에게 전달하고, 일관된 내부 소통을 통해 직원들의 신뢰와 만족을 유지하는 것이 중요하다.

긍정적인 고객 경험 제공 긍정적인 고객 경험은 브랜드 평판을 강화하는데 필수적이다. 고객이 브랜드와의 상호작용에서 긍정적인 경험을 할 수 있도록 서비스 품질과 고객 지원을 개선하는 것이 중요하다. 고객이 불만을 제기할 경우 신속하고 적절하게 대응하고, 고객 피드백을 적극적으로 수용해 개선하는 노력이 필요하다.

인플루언서 및 미디어 관계 관리 인플루언서와 미디어는 브랜드 평판 형성에 큰 영향을 미친다. 인플루언서와의 협력을 통해 브랜드의 긍정적인 이미지를 홍보하고, 언론과의 좋은 관계를 유지해 브랜드에 대한 긍정적인 기사를 유도하는 것이 효과적인 평판 관리 전략이 될 수 있다.

브랜드 평판 관리는 빠르게 변화하는 디지털 환경과 소비자 행동을 고려하여 지속적으로 진화해야 하며, 기업이 신뢰를 유지하고 강화할 수 있는 전략적 접근을 반영한다.

1) 투명성과 진정성 강화

현대 소비자들은 기업의 진정성을 매우 중요하게 여긴다. 브랜드가 자신들의 가치와 비전을 솔직하게 전달하고, 사회적 책임을 다하는 모습이 필수적이다.

- **투명한 정보 공개**: 브랜드의 운영 방식, 공급망, 제품의 출처 등을 투명하게 공개하고, 문제가 발생했을 때 숨기지 않고 솔직하게 대응해야 한다.
- **진정성 있는 커뮤니케이션**: 단순히 마케팅 메시지가 아닌, 진정성 있는 소통을 통해 소비자와의 신뢰 관계를 구축해야 한다. 소비자의 감정적 유대감을 높이고 장기적인 관계를 형성하는 데 중요하다.

2) 지속 가능한 경영과 CSR(기업의 사회적 책임) 확대

환경 보호와 사회적 책임은 브랜드 평판 관리의 핵심 요소로 자리 잡고 있다. 소비자들은 기업이 환경과 사회에 미치는 영향을 고려해 구매 결정을 내린다.

- **지속 가능한 경영**: 친환경 제품, 재활용 가능한 포장, 탄소 배출 감소 등의 노력을 통해 지속 가능한 경영을 실천하는 것이 중요하다.
- **CSR 활동 강화**: 기업이 사회적 문제에 적극적으로 기여하고 있다는 사실을 소비자에게 전달함으로써 브랜드의 긍정적인 이미지를 강화할 수 있다. 이를 통해 기업은 신뢰를 쌓고, 소비자들의 브랜드 충성도를 높일 수 있다.

3) 디지털 평판 관리

디지털 채널의 발달로 브랜드 평판은 온라인에서 실시간으로 형성되고 확산된다. 디지털 평판 관리가 전략적으로 중요해지면서, 온라인 모니터링과 데이터 분석을 기반으로 한 실시간 대응이 필요하다.

- **온라인 리뷰와 소셜 미디어 관리**: 리뷰 사이트, 소셜 미디어, 블로그에서 브랜드에 대한 피드백을 지속적으로 모니터링하고, 긍정적이든 부정적이든 적절한 대응을 해야 한다.
- **인공지능과 데이터 분석 활용**: 인공지능과 빅데이터 분석을 통해 소비자들이 브랜드에 대해 어떻게 이야기하고 있는지를 파악하고, 이에 대한 대응을 빠르게 할 수 있다.

4) 소비자 참여와 경험 중심의 커뮤니케이션

브랜드 평판 관리는 더 이상 일방적인 메시지 전달이 아니라, 소비자와의 쌍방향 소통과 경험 중심의 커뮤니케이션을 요구한다.

- **브랜드 커뮤니티 형성**: 소비자들이 브랜드와의 경험을 공유하고 서로 소통할 수 있는 온라인 커뮤니티를 구축해 브랜드 충성도를 높이고, 긍정적인 평판을 강화할 수 있다.
- **사용자 생성 콘텐츠(UGC) 활용**: 소비자들이 자발적으로 생성한 콘텐츠를 브랜드 홍보에 활용함으로써 신뢰성을 높이고, 자연스러운 형태의 브랜드 이미지를 확산시킬 수 있다.

5) 빠르고 일관된 위기 대응

위기 상황에서는 신속하고 일관된 대응이 매우 중요하다. 위기 관리 프로세스를 사전에 준비하고, 문제가 발생했을 때 즉각적으로 대처할 수 있는 체계가 필요하다.

- **위기 대응 시나리오 준비**: 다양한 위기 상황에 맞춰 대응 전략을 미리 준비하고, 이를 조직 내부에 교육시켜 즉각적인 대응이 가능하도록 해야 한다.

- **공감과 책임감 있는 대응**: 위기 상황에서는 소비자에게 공감을 표현하고, 문제 해결에 대한 책임을 명확히 해야 한다. 이를 통해 위기 상황에서도 브랜드 신뢰를 유지할 수 있다.

6) 글로벌 평판 관리

글로벌 브랜드는 각 지역의 문화적 차이와 기대를 이해하고, 이를 반영한 평판 관리 전략을 수립해야 한다. 현지화된 접근 방식이 필요하며, 동시에 글로벌 브랜드의 일관성을 유지해야 한다.

- **현지화 전략**: 각 국가나 지역의 문화, 사회적 이슈, 소비자 행동을 고려해 현지화된 평판 관리 전략을 구사해야 한다.
- **글로벌 일관성 유지**: 브랜드의 핵심 가치와 비전은 글로벌 시장에서 일관되게 유지되어야 하며, 이를 통해 전 세계 소비자들에게 일관된 이미지를 전달할 수 있다.

7) 데이터 기반 평판 관리

데이터 분석 기술을 활용한 평판 관리가 점점 더 중요해지고 있다. 소셜 리스닝(Social Listening) 도구와 같은 분석 툴을 통해 소비자의 반응을 실시간으로 모니터링하고, 이를 기반으로 전략적 결정을 내릴 수 있다.

- **정량적 데이터 분석**: 리뷰, 소셜 미디어 언급, 소비자 설문조사 등의 데이터를 분석하여 브랜드에 대한 소비자의 인식을 정확히 파악하고, 이를 개선하는 데 활용할 수 있다.
- **정성적 피드백 반영**: 소비자가 남긴 정성적 피드백을 분석해 브랜드가 어떻게 인식되고 있는지 이해하고, 이에 맞는 개선 방안을 수립해야 한다.

8) 윤리적 경영과 가치 중심 마케팅

소비자들은 브랜드가 단순히 제품을 판매하는 것 이상으로, 윤리적인 경영을 실천하고 있는지에 관심을 둔다. 소비자가 브랜드와 가치를 공유할 수 있도록, 브랜드 미션과 가치 중심 마케팅을 강조해야 한다.

- **윤리적 경영 실천**: 윤리적 노동 환경, 공정 거래, 다양성 존중 등 사회적 가치를 실현하는 경영 방식을 소비자에게 투명하게 공개하고, 이를 적극적으로 커뮤니케이션하는 것이 중요하다.
- **브랜드 가치 강화**: 소비자들이 공감할 수 있는 가치와 미션을 중심으로 마케팅 캠페인을 전개하여 브랜드가 단순히 이익을 추구하는 것이 아닌, 더 큰 사회적 가치를 추구하는 모습을 보여야 한다.

브랜드 평판 관리의 방향은 투명성, 지속 가능성, 디지털 대응 등 현대 소비자들의 기대를 충족시키기 위한 전략으로 진화하고 있다. 데이터 기반의 분석과 소비자 참여를 통해 브랜드 평판을 강화하고, 빠르게 변화하는 시장과 소비자 요구에 발맞춘 유연한 대응이 필요하다. 윤리적 경영, CSR 활동, 투명한 커뮤니케이션은 브랜드 평판을 강화하는 핵심 요소로 자리 잡고 있으며, 이를 통해 장기적인 성공을 이루는 것이 중요하다.

4 온라인 평판 관리

1) 온라인 평판 관리의 중요성

온라인 평판 관리는 디지털 시대에 브랜드가 성공적으로 운영되기 위해 필수적이다. 인터넷과 소셜 미디어의 발달로 인해 소비자는 브랜드에 대한 정보를 쉽게 얻고, 평가할 수 있게 되었다. 따라서 온라인 평판 관리는 브랜드의 이미지와 신뢰성을 유지하는 데 중요한 역할을 한다.

2) 온라인 평판 관리 전략

(1) 모니터링

- **도구 활용:** Google Alerts, Hootsuite, Mention 등 온라인 평판 모니터링 도구를 활용하여 브랜드 언급을 추적한다.
- **키워드 설정:** 브랜드명, 제품명, 관련 키워드 등을 설정하여 실시간으로 언급을 모니터링한다.

(2) 적극적인 참여

- **소셜 미디어 활동:** 소셜 미디어 플랫폼에서 고객과 적극적으로 소통하고, 질문과 피드백에 신속히 응답한다.
- **리뷰 관리:** 리뷰 사이트와 포럼에서 고객 리뷰에 대해 감사의 답변을 남기고, 부정적인 리뷰에는 문제 해결을 위해 노력한다.

(3) 콘텐츠 전략

- **고품질 콘텐츠 제작:** 블로그, 소셜 미디어, 웹사이트에 유용하고 고품질의 콘텐츠를 지속적으로 게시하여 긍정적인 브랜드 이미지를 구축한다.
- **SEO 최적화:** 긍정적인 콘텐츠가 검색 엔진에서 상위에 노출되도록 SEO를 최적화한다.

(4) 고객 서비스 강화

- **신속한 대응:** 고객의 질문이나 불만에 대해 신속하고 정확하게 대응하여 신뢰를 구축한다.
- **다양한 채널 활용:** 이메일, 전화, 소셜 미디어 등 다양한 채널을 통해 고객 지원을 제공한다.

5 위기 대응과 리스크 관리

1) 위기 대응의 중요성

위기는 예기치 않게 발생할 수 있으며, 브랜드의 평판과 신뢰성에 심각한 영향을 미칠 수 있다. 따라서 효과적인 위기 대응과 리스크 관리는 브랜드가 위기를 빠르게 해결하고, 평판을 보호하는 데 중요하다.

2) 위기 대응 전략

(1) 위기 관리 계획 수립

- **위기 대응 팀 구성**: 위기 발생 시 즉시 대응할 수 있는 팀을 구성한다.
- **위기 시나리오 작성**: 발생할 수 있는 다양한 위기 상황을 가정하고, 각각의 대응 전략을 마련한다.

(2) 빠른 대응

- **즉각적인 소통**: 위기 발생 시 즉각적으로 상황을 파악하고, 신속하게 대응한다.
- **투명한 커뮤니케이션**: 상황을 투명하게 공개하고, 고객과 이해관계자에게 진솔하게 소통한다.

(3) 책임 인정과 사과

- **책임 인정**: 문제의 원인을 파악하고, 브랜드의 책임을 인정한다.
- **진솔한 사과**: 고객과 이해관계자에게 진솔하게 사과하고, 문제 해결을 위한 조치를 취한다.

(4) 문제 해결과 재발 방지

- **문제 해결**: 문제를 신속히 해결하고, 고객에게 해결 과정을 공유한다.

- **재발 방지 대책 마련**: 유사한 문제가 재발하지 않도록 내부 프로세스를 개선한다.

6 평판 회복 전략

1) 평판 회복의 중요성

위기 상황 이후 브랜드의 평판을 회복하는 것은 브랜드의 장기적인 성공에 중요하다. 신뢰를 다시 쌓고, 긍정적인 이미지를 회복하기 위해서는 체계적인 평판 회복 전략이 필요하다.

2) 평판 회복 전략

(1) 고객과의 재연결

- **개인화된 커뮤니케이션**: 개인화된 메시지와 경험을 통해 고객과의 관계를 회복한다.
- **고객 참여 유도**: 고객에게 피드백을 요청하고, 개선된 서비스를 경험하도록 유도한다.

(2) 긍정적인 콘텐츠 제작

- **성공 사례 공유**: 위기 이후 성공적으로 해결된 사례와 개선된 부분을 강조하는 콘텐츠를 제작한다.
- **고객 이야기**: 만족한 고객의 이야기와 후기 등을 통해 긍정적인 이미지를 확산시킨다.

(3) 지속적인 커뮤니케이션

- **정기적 업데이트**: 브랜드의 개선 사항과 앞으로의 계획에 대해 정기적으로 업데이트를 제공한다.

- **투명한 정보 공개**: 브랜드의 운영과정을 투명하게 공개하여 신뢰를 회복한다.

(4) 사회적 책임 활동

- **사회적 기여**: 사회적 책임 활동을 통해 브랜드의 긍정적인 이미지를 강화한다.
- **커뮤니티 참여**: 지역 사회와의 협력과 참여를 통해 브랜드의 사회적 가치를 증명한다.

(5) 내부 직원 교육

- **직원 교육 강화**: 직원들에게 위기 대응 방법과 고객 서비스 향상 방법을 교육하여 내부 역량을 강화한다.
- **직원 참여 유도**: 직원들이 브랜드의 가치와 미션을 공유하고, 평판 회복을 위해 노력하도록 유도한다.

7 브랜드 평판 관리의 성공 사례

- **타이드(Tide)**: 빠른 위기 대응 타이드는 제품에 대한 신뢰를 유지하기 위해 2018년 타이드 포드(Tide Pods) 논란 당시 빠르게 위기 대응을 했다. 어린이들이 제품을 먹는 사고가 발생하자, 타이드는 즉시 경고 메시지를 발송하고, 안전한 사용 방법을 강조하는 캠페인을 진행했다. 빠른 대응과 투명한 소통으로 위기 상황에서 신뢰를 회복할 수 있었다.
- **존슨앤드존슨(Johnson & Johnson)**: 타이레놀 사건 1982년, 시카고에서 발생한 타이레놀 독극물 혼합 사건 이후, 존슨앤드존슨은 즉시 모든 타이레놀 제품을 회수하고, 새로운 안전 포장을 도입했다. 이 사건에 대한 회사의 투명한 대응과 신속한 조치는 브랜드 평판을 지키는 데 큰 역할을 했으며, 이후에도 소비자 신뢰를 유지할 수 있었다.

삼성전자(Samsung Electronics) – 갤럭시 노트7 리콜 사건

2016년 삼성전자는 갤럭시 노트7의 배터리 발화 사건으로 큰 위기를 겪었다. 여러 국가에서 발생한 배터리 폭발 사건으로 인해 대중의 신뢰가 크게 흔들리자, 삼성전자는 즉각적으로 전 세계에서 갤럭시 노트7의 판매를 중단하고 리콜을 진행했다. 삼성전자는 문제의 원인을 철저히 조사하고 투명하게 공개했으며, 이후 배터리 안전 테스트와 관련된 엄격한 절차를 마련했다. 이 사건 이후 삼성은 안전한 제품 생산을 강조하는 캠페인을 전개하며 소비자 신뢰를 회복하는 데 성공했다.

화웨이(Huawei15) – 미국 제재 위기 대응

2019년 화웨이(Huawei)는 미국의 무역 제재와 구글 서비스 사용 중단 조치로 인해 큰 위기에 봉착했다. 많은 소비자들이 화웨이 제품을 계속 사용할 수 있을지 우려하는 상황에서, 화웨이는 신속한 대응을 통해 자체 운영체제인 HarmonyOS를 개발 및 발표했다. 또한 중국 내에서 애국 소비 운동이 일어나면서, 화웨이는 위기를 기회로 전환해 자국 시장에서 큰 성장을 이루었다. 화웨이는 이 위기를 통해 기술 자립과 제품의 혁신을 강조하며 브랜드 평판을 강화했다.

브랜드 평판 관리는 기업의 장기적인 성공과 경쟁 우위를 확보하는 데 필수적인 전략이다. 투명한 커뮤니케이션, 위기 대응 계획, 현대 소비자의 기대에 부응하는 CSR 활동을 통해 브랜드는 긍정적인 이미지를 구축하고 유지할 수 있다. 이는 소비자의 신뢰를 강화하고, 위기 상황에서도 브랜드를 보호하며, 장기적으로 기업의 성장을 도모하는 중요한 요소이다.

---

15 **Huawei:** Wen, Y. (2020). *The Huawei model: The rise of China's technology giant.* University of Illinois Press.

온라인 평판 관리, 위기 대응과 리스크 관리, 평판 회복 전략을 통해 브랜드는 다양한 상황에서 평판을 보호하고, 위기 이후에도 신뢰를 회복할 수 있다. 이러한 내용을 통해 독자들은 브랜드 평판 관리의 중요성과 구체적인 실행 방법을 깊이 있게 이해할 수 있을 것이다.

CASE STUDY

• 패타고니아(Patagonia[16], 미국): 지속 가능성에 대한 진정성 있는 접근
으로 소비자 신뢰를 쌓은 브랜드이다. 친환경 경영과 사회적 책임을 강조
하며, '환경을 구하기 위한 사업'이라는 메시지를 내세워 차별화된 브랜
드 평판을 유지하고 있다.

---

16 **Patagonia:** Zint, M., & Frederick, R. (2001). Marketing and advertising a 'deep green' company: The case of Patagonia, Inc. *Journal of Corporate Citizenship*, (1), 93-113.

- 브랜드 역사

패타고니아(Patagonia)는 1973년 미국에서 설립된 아웃도어 의류 브랜드로, 창립자 이본 쉬나드는 환경 보호에 대한 강한 신념을 가지고 브랜드를 시작했다. 처음에는 등반 장비를 제작하는 소규모 브랜드였지만, 시간이 지나면서 고품질의 아웃도어 의류와 장비를 제공하는 글로벌 브랜드로 성장했다. 패타고니아는 특히 환경 보호와 **지속 가능한 경영**을 브랜드의 핵심 가치로 삼고 있으며, 이러한 가치관을 바탕으로 **사회적 책임을 다하는 브랜드**로 자리매김했다.

- 마케팅 성공의 배경

패타고니아의 성공 배경은 **지속 가능성**과 **환경 보호**에 대한 진정성 있는 접근 덕분이다. 단순한 상업적 활동을 넘어서 **환경 문제 해결에 기여**하고, 이를 통해 소비자들에게 **책임 있는 브랜드**라는 이미지를 각인시키는 데 성공했다.

① 지속 가능한 제품 생산: 패타고니아는 재활용 소재를 사용한 제품 생산과 **친환경적인 제조 과정**을 통해 환경 영향을 최소화하려고 노력한다. 이러한 **친환경 경영 철학**은 소비자들에게 강한 인상을 주었으며, 패타고니아는 지속적으로 이를 강조하면서 브랜드 평판을 관리해 왔다. 예를 들어, 패타고니아는 오래 사용할 수 있는 내구성 있는 제품을 권장하며, **수리 서비스**를 제공하여 **불필요한 소비**를 줄이는 것을 장려하고 있다.

② 사회적 책임과 투명성: 패타고니아는 기업 활동의 모든 면에서 **투명성**을 중요시한다. 그들은 제품 생산 과정에서 발생하는 환경적 영향을 공개하고, 제품의 **탄소 발자국**을 줄이기 위한 노력을 소비자들에게 솔직하게 알린다. 또한, 기업 수익의 일정 부분을 **환경 보호 단체**에 기부하거나 환경 캠페인을 지원하는 등, **사회적 책임**을 다하는 브랜드로서의 이미지를 강화하고 있다.

③ 환경 보호를 위한 캠페인: 패타고니아는 "Don't Buy This Jacket"이라는 광고 캠페인을 통해, **과잉 소비를 반대하는 메시지**를 전달한 바 있다. 이 캠페인은 소비자들에게 **필요하지 않은 제품을 구매하지 말 것**을 촉구하며, 자원 낭비를 줄이기 위한 패타고니아의 철학을 잘 보여주는 사례이다. 이러한 진정성 있는 접근은 소비자들로부터 깊은 신뢰를 얻는 데 기여했다.

● 브랜드의 특별한 점

패타고니아의 가장 큰 강점은 **환경 보호와 지속 가능성에 대한 일관된 메시지**이다. 대부분의 기업들이 매출 증가와 성장을 목표로 하는 반면, 패타고니아는 자신의 제품을 적게 팔면서도 지속 가능한 경영을 추구하고 있다. 이는 패타고니아가 단순한 의류 브랜드를 넘어서, **사회적, 환경적 가치를 실현**하려는 **미션 중심의 기업**이라는 점에서 차별화된다.

또한, 패타고니아는 환경 보호를 위한 **리더십**을 적극적으로 발휘하고 있으며, 이는 그들이 진정성 있게 소비자들에게 다가가는 방식이다. 그들은 자신들의 사업을 '환경을 구하기 위한 도구'라고 설명하며, 전 세계의 소비자들에게도 더 나은 소비 선택을 하도록 장려한다.

● 브랜드 평판 관리 전략

패타고니아는 **일관된 사회적 책임 경영**과 **투명성**을 바탕으로, **소비자 신뢰**를 구축하는 데 성공했다. 이 브랜드는 단순한 마케팅 활동에 그치지 않고, 기업의 모든 활동에서 **지속 가능한 경영 원칙**을 따르며 소비자와 소통한다.

① 지속 가능한 제품 및 서비스 제공: 패타고니아는 소비자들에게 **오래 사용할 수 있는 제품**을 권장하며, 수리 서비스를 통해 제품의 수명을 연장하는 등, 불필요한 소비를 줄이는 방식으로 소비자들과 관계를 맺고 있다.

② **환경 보호 활동**: 패타고니아는 전 세계적으로 다양한 환경 보호 활동에 적극적으로 참여하고 있으며, 이를 통해 **브랜드의 사회적 책임**을 강화한다. 이러한 활동은 소비자들에게 패타고니아가 단순히 이익을 추구하는 브랜드가 아닌, 사회적 가치를 실현하는 기업이라는 신뢰를 심어준다.

③ **투명한 소통**: 패타고니아는 자신들의 **환경적 영향**에 대해 소비자들에게 솔직하게 공개하며, 이를 줄이기 위한 노력을 꾸준히 알려준다. 이러한 투명성은 브랜드에 대한 신뢰를 높이는 중요한 요소로 작용했다.

- **결론**

패타고니아는 **지속 가능성**과 **사회적 책임**을 중시하는 브랜드로서, 환경 보호를 중심으로 한 진정성 있는 접근을 통해 소비자들의 신뢰를 얻었다. **친환경 경영 철학**과 **사회적 책임 활동**은 패타고니아의 브랜드 평판을 강화하는 데 중요한 역할을 했으며, 앞으로도 이러한 원칙을 유지하면서 글로벌 소비자들로부터 지속적인 지지를 받을 가능성이 크다.

Work Sheet - 09

교과목:

학번:

이름:

브랜드 평판 관리에 대해 작성하시오.

1. 브랜드 평판 관리의 주요 전략?

2. 브랜드 평판 관리의 방향?

3. 브랜드 평판 관리의 성공 사례?

CHAPTER

10

브랜드 평가와 측정

브랜드 평가와 측정은 브랜드의 가치를 이해하고, 마케팅 활동의 성과를 평가하며, 향후 전략을 수립하는 데 중요한 역할을 한다. 브랜드는 시장에서 경쟁력을 유지하고, 지속적인 성장을 도모할 수 있다. 이러한 내용을 통해 독자들은 브랜드 평가와 측정의 중요성과 구체적인 실행 방법을 깊이 있게 이해할 수 있을 것이다. 브랜드 평가와 측정은 기업이 브랜드의 성과를 객관적으로 파악하고, 시장에서의 위치를 평가하며, 장기적인 브랜드 전략을 수립하는 데 필수적인 과정이다. 브랜드가 소비자에게 어떤 가치를 제공하고 있으며, 그 가치가 얼마나 효과적으로 전달되고 있는지 파악할 수 있다.

CHAPTER

10

—

브랜드 평가와 측정

브랜드 평가와 측정은 브랜드의 가치를 이해하고, 마케팅 활동의 성과를 평가하며, 향후 전략을 수립하는 데 중요한 역할을 한다. 이 장에서는 브랜드 자산 평가 방법, 브랜드 인식 조사, ROI와 성과 측정에 대해 익힌다.

브랜드 평가와 측정은 기업이 브랜드의 성과를 객관적으로 파악하고, 시장에서의 위치를 평가하며, 장기적인 브랜드 전략을 수립하는 데 필수적인 과정이다. 이를 통해 브랜드가 소비자에게 어떤 가치를 제공하고 있으며, 그 가치가 얼마나 효과적으로 전달되고 있는지 파악할 수 있다.

브랜드 평가와 측정은 다양한 정량적, 정성적 지표를 활용해 진행된다.

1 브랜드 평가의 중요성

브랜드 평가를 통해 기업은 다음과 같은 중요한 인사이트를 얻을 수 있다.

- **브랜드 인지도**: 소비자들이 브랜드를 얼마나 인식하고 있는지를 평가하여 마케팅 캠페인의 효과를 분석할 수 있다.
- **브랜드 이미지**: 브랜드가 소비자에게 전달하는 감정적, 심리적 이미지를 평가하여 브랜드의 포지셔닝을 개선할 수 있다.

- 브랜드 충성도: 얼마나 많은 소비자들이 브랜드에 지속적으로 충성하고 있는지를 파악하여 장기적인 고객 유지를 도모할 수 있다.
- 브랜드 자산(Brand Equity): 브랜드가 가진 시장 가치와 소비자에게 제공하는 무형 자산을 평가해 브랜드의 전반적인 가치를 측정할 수 있다.

2 브랜드 평가 지표

브랜드 평가에는 다양한 정량적 및 정성적 지표가 사용된다. 이를 통해 브랜드의 성공 여부를 종합적으로 판단할 수 있다.

1) 정량적 지표

(1) 브랜드 인지도(Brand Awareness)

- 자발적 인지도: 소비자에게 특정 제품군을 언급했을 때, 어떤 브랜드를 떠올리는지 묻는 방식으로 측정된다. 예를 들어, "스마트폰 브랜드 중에서 떠오르는 브랜드는 무엇인가요?"라는 질문으로 평가할 수 있다.
- 보조 인지도: 브랜드 이름을 언급했을 때 소비자가 해당 브랜드를 아는지 확인하는 방법이다. 예를 들어, "이 브랜드를 들어본 적이 있나요?"라는 질문을 통해 인지도를 파악한다.

(2) 브랜드 선호도(Brand Preference)

소비자들이 경쟁 브랜드 중에서 자사 브랜드를 얼마나 선호하는지를 측정하는 지표이다. 소비자 설문조사나 제품 선택 실험을 통해 파악할 수 있다.

- **순추천지수(NPS, Net Promoter Score)**

소비자들이 브랜드를 다른 사람에게 추천할 의향이 있는지를 측정하는 지표로, "0~10점 중 어느 정도로 브랜드를 추천할 의향이 있나요?"라는 질문을 통해 측정한다. NPS는 고객 충성도를 평가하는 데 자주 사용된다.

(3) 브랜드 충성도(Brand Loyalty)

소비자가 브랜드를 얼마나 자주 반복 구매하는지, 타 브랜드로 전환할 가능성이 얼마나 되는지를 평가한다. 판매 데이터와 고객 유지율(Retention Rate)을 분석하여 측정할 수 있다.

● 브랜드 자산 가치(Brand Equity)

브랜드가 시장에서 갖는 경제적 가치를 측정하는 지표로, 브랜드 사용료(Royalty), 시장 점유율, 프리미엄 가격 정책 등을 통해 브랜드 자산을 계산한다. 유명한 방법론 중 하나는 인터브랜드(Interbrand)가 제안한 브랜드 자산 평가 모델로, 재무 성과, 브랜드의 시장 영향력, 브랜드 강도 등을 종합적으로 평가한다.

2) 정성적 지표

(1) 브랜드 이미지 및 연상(Brand Image & Associations)

소비자들이 브랜드와 연관지어 생각하는 특정 속성, 감정, 이미지 등을 파악하는 지표이다. 설문조사, 포커스 그룹 인터뷰(FGI) 등을 통해 브랜드가 소비자에게 어떤 이미지를 형성하고 있는지를 평가한다.

● 브랜드 감정(Brand Sentiment)

소비자들이 브랜드에 대해 긍정적, 부정적, 중립적 감정을 느끼는지를 파악하는 지표이다. 소셜 미디어나 리뷰 분석을 통해 소비자 감정 데이터를 수집할 수 있다.

(2) 소비자 참여도(Engagement)

소비자들이 브랜드와 얼마나 자주, 어떻게 상호작용하는지를 평가하는 지표이다. 소셜 미디어 상의 댓글, 좋아요, 공유 등의 데이터를 통해 소비자 참여도를 분석할 수 있다.

(3) 브랜드 스토리텔링 효과

브랜드가 전달하는 스토리나 메시지가 소비자에게 얼마나 공감되고, 기억에 남는지를 평가하는 지표이다. 소비자 인식 조사를 통해 브랜드 메시지의 효과를 측정할 수 있다.

③ 브랜드 평가 사례

1) 인터브랜드(Interbrand)의 브랜드 가치 평가

매년 발표되는 인터브랜드의 글로벌 브랜드 가치 랭킹은 재무 성과, 브랜드 역할, 브랜드 강도를 기준으로 세계 주요 브랜드의 가치를 평가한다. 이 평가 방식은 브랜드의 현재 시장 가치를 측정하는 대표적인 사례이다.

2) 애플(Apple)의 브랜드 충성도 분석

애플은 높은 브랜드 충성도를 가진 기업으로 유명하다. 애플의 고객들은 자사의 제품을 반복 구매할 확률이 높고, 새로운 제품 출시 시 이를 적극적으로 구매한다. 이는 브랜드 충성도 및 NPS 측정에서 높은 점수를 기록한 결과를 보여준다.

브랜드 평가와 측정은 브랜드가 소비자에게 어떤 가치를 제공하고 있으며, 이를 어떻게 향상시킬 수 있는지를 파악하는 중요한 과정이다. 정량적 지표와 정성적 지표를 적절히 활용하여 브랜드의 성과를 정확히 평가하고, 이를 기반으로 브랜드 전략을 지속적으로 개선해야 한다. 이 과정은 기업이 시장에서 경쟁 우위를 유지하고, 장기적인 성공을 이루는 데 중요한 역할을 한다.

4 브랜드 자산 평가 방법

1) 브랜드 자산의 정의

브랜드 자산은 소비자에게 인식되는 브랜드의 가치를 의미한다. 브랜드의 인지도, 이미지, 충성도, 연관성 등을 포함하며, 기업의 장기적인 성공과 수익성에 중요한 영향을 미친다.

2) 브랜드 자산 평가 방법

(1) 재무적 접근법

- **브랜드 가치 평가 모델**: 브랜드 자산을 재무적 가치로 환산하는 방법이다. 대표적인 모델로는 인터브랜드(Interbrand)의 브랜드 가치 평가 모델이 있다. 브랜드의 미래 수익을 예측하고, 할인율을 적용하여 현재 가치를 산출한다.
- **라이선싱 수익 분석**: 브랜드 라이선싱을 통해 발생하는 수익을 분석하여 브랜드 자산을 평가한다.
- **브랜드 프리미엄 분석**: 동일한 제품에 대해 브랜드가 부과하는 가격 프리미엄을 통해 브랜드 자산을 평가한다.

(2) 시장 기반 접근법

- **브랜드 인지도**: 브랜드가 얼마나 널리 알려져 있는지를 평가한다. 소비자 설문조사, 인식 테스트 등을 통해 측정할 수 있다.
- **브랜드 연상**: 소비자가 브랜드와 연관 짓는 이미지와 특성을 평가한다. 연상 맵핑, 심층 인터뷰 등을 통해 분석할 수 있다.
- **브랜드 충성도**: 브랜드에 대한 소비자의 충성도를 평가한다. 재구매 의도, 추천 의도, 고객 유지율 등을 통해 측정할 수 있다.

(3) 고객 기반 접근법

- **고객 경험 평가**: 브랜드와의 상호작용에서 소비자가 경험하는 만족도를 평가한다. 고객 여정 맵핑, NPS(Net Promoter Score) 등을 통해 분석할 수 있다.
- **고객 감정 분석**: 소비자가 브랜드에 대해 느끼는 감정을 평가한다. 소셜 미디어 분석, 감정 분석 도구 등을 통해 측정할 수 있다.

3) 브랜드 인식 조사

소비자가 특정 브랜드를 어떻게 인식하고 있는지 평가하기 위해 수행하는 조사로, 브랜드가 시장에서 차지하는 위치와 소비자에게 미치는 영향력을 파악하는 데 중요한 도구이다. 브랜드 인식 조사는 브랜드의 성공적인 마케팅 전략 수립과 브랜드 가치 평가에 중요한 기초 자료를 제공한다.

(1) 브랜드 인식 조사의 목적

- **브랜드 인지도 확인**: 소비자가 브랜드를 알고 있는지, 어느 정도로 인식하고 있는지 평가한다.
- **브랜드 이미지 분석**: 소비자들이 브랜드를 어떤 이미지와 연관짓고 있는지 파악한다.
- **경쟁사와의 비교**: 경쟁 브랜드와 비교했을 때 자사 브랜드의 인식이 어떻게 다른지를 분석한다.
- **마케팅 전략 평가**: 광고 캠페인, 프로모션, 제품 출시 등의 마케팅 활동이 브랜드 인식에 미친 영향을 분석한다.

(2) 브랜드 인식 조사의 주요 지표

- **브랜드 인지도(Brand Awareness)**

① 자발적 인지도: 소비자가 브랜드의 카테고리나 제품군을 언급했을 때 자

연스럽게 특정 브랜드를 떠올리는 능력을 평가한다.

예 "스마트폰 브랜드 중에서 어떤 브랜드가 떠오르나요?"

② 보조 인지도: 특정 브랜드 이름을 언급했을 때 소비자가 해당 브랜드를 인식하는지를 평가한다.

예 "이 브랜드를 들어본 적이 있나요?"

• 브랜드 이미지(Brand Image)

브랜드에 대해 소비자가 갖고 있는 감정적, 심리적 연상을 조사한다. 브랜드를 떠올릴 때 연결되는 속성, 감정, 가치를 평가하여 브랜드의 포지셔닝을 분석한다.

예 "이 브랜드를 생각하면 어떤 이미지를 떠올리나요?"

• 브랜드 인식 속성 평가

브랜드의 다양한 속성을 평가한다. 예를 들어, 품질, 혁신성, 신뢰성, 가격 대비 가치 등 브랜드가 소비자에게 어떻게 평가되는지를 조사한다.

예 "이 브랜드는 품질이 뛰어나다고 생각하시나요?"

• 브랜드 충성도(Brand Loyalty)

소비자가 해당 브랜드에 얼마나 충성도가 있는지를 평가하는 지표로, 소비자들이 재구매 의사가 있는지, 경쟁 브랜드로 쉽게 이동하지 않는지를 조사한다.

예 "이 브랜드의 제품을 다시 구매할 의향이 있나요?"

• 브랜드 선호도(Brand Preference)

여러 브랜드 중에서 소비자들이 어느 브랜드를 선호하는지 조사한다. 브랜드가 소비자에게 가장 우선적으로 선택되는지 여부를 평가한다.

예 "스마트폰을 구매할 때, 어느 브랜드를 가장 선호하시나요?"

- **브랜드 연상(Brand Association)**

소비자가 브랜드에 대해 갖는 특정 연상을 조사한다.

브랜드가 어떤 이미지를 전달하고 있는지를 파악할 수 있는 중요한 요소이다.

예 "이 브랜드는 혁신적인 브랜드라고 생각하시나요?"

① 전환율

특정 행동을 취한 소비자의 비율을 평가한다.

지표: 웹사이트 전환율, 이메일 오픈율, 클릭률 등.

② 매출과 수익

마케팅 활동이 매출과 수익에 미친 영향을 평가한다.

지표: 총 매출, 순이익, 매출 성장률 등.

4) 브랜드 인식 조사 방법

(1) 설문조사(Survey)

가장 일반적인 방법으로, 소비자들에게 질문을 통해 브랜드에 대한 인식을 평가한다. 온라인 설문조사, 전화 인터뷰, 대면 인터뷰 등 다양한 방식으로 실시될 수 있다.

- **장점**: 광범위한 소비자 데이터를 쉽게 수집할 수 있다.
- **단점**: 응답자의 주관적인 답변에 의존할 수 있다.

(2) 포커스 그룹 인터뷰(Focus Group Interview)

소규모 그룹을 대상으로 깊이 있는 인터뷰를 진행하여 브랜드 인식을 분석하는 방법이다. 포커스 그룹은 소비자들의 브랜드 인식, 감정, 연상 등을 심층적으로 이해하는 데 유용하다.

- **장점**: 정성적인 데이터를 수집하고, 응답자의 감정을 더 깊이 이해할 수 있다.
- **단점**: 시간과 비용이 많이 소요될 수 있으며, 대규모 데이터를 얻기 어렵다.

(3) 소셜 리스닝(Social Listening)

소셜 미디어, 블로그, 온라인 리뷰에서 소비자들이 브랜드에 대해 어떻게 이야기하는지를 분석하는 방법이다. 소비자의 자연스러운 의견과 감정을 실시간으로 분석할 수 있어 신속한 피드백을 얻을 수 있다.
- **장점**: 실시간으로 대규모 데이터를 수집할 수 있으며, 소비자의 자연스러운 반응을 분석할 수 있다.
- **단점**: 정량적 데이터보다는 정성적 데이터에 의존하는 경향이 있다.

(4) 미스터리 쇼핑(Mystery Shopping)

미스터리 쇼퍼가 소비자 역할을 수행하며 브랜드 경험을 평가하는 방법이다. 이 방법은 브랜드의 서비스 품질과 소비자 경험을 분석하는 데 유용하다.
- **장점**: 브랜드와의 실제 상호작용을 평가할 수 있다.
- **단점**: 비용이 많이 들고, 모든 소비자 경험을 대변할 수 없다.

(5) 브랜드 모니터링 도구

구체적인 브랜드 인식을 추적할 수 있는 소프트웨어나 툴을 사용하여 소비자의 반응을 모니터링하는 방법이다. 구글 트렌드, 소셜 미디어 분석 툴, 리뷰 분석 도구 등을 통해 브랜드 인식과 관련된 데이터를 수집할 수 있다.
- **장점**: 대규모 데이터를 신속하게 수집할 수 있으며, 트렌드 변화를 실시간으로 추적할 수 있다.
- **단점**: 소비자의 직접적인 답변이 아니라 데이터 해석에 의존해야 한다.

5 브랜드 인식 조사 활용 사례

(1) 애플(Apple)의 브랜드 인식 조사

애플은 정기적으로 전 세계 소비자들을 대상으로 브랜드 인식 조사를 통해 자사 제품에 대한 이미지, 선호도, 충성도 등을 평가한다. 이를 통해 애플은 소비자들이 애플을 혁신적이고 고급스러운 브랜드로 인식하는지, 다른 경쟁사와 비교했을 때 어떤 점에서 강점을 보이는지를 파악하고 있다.

(2) 코카콜라(Coca-Cola)의 글로벌 브랜드 인식 조사

코카콜라는 전 세계 시장에서 자사 브랜드의 인지도를 평가하기 위해 다양한 국가에서 브랜드 인식 조사를 수행한다. 코카콜라는 브랜드가 각 지역에서 어떻게 인식되고 있으며, 현지화된 마케팅 전략이 효과적으로 적용되고 있는지를 분석한다.

6 브랜드 인식 조사 결과의 활용

브랜드 인식 조사의 결과는 브랜드 관리와 마케팅 전략 수립에 중요한 데이터를 제공한다. 이를 통해 다음과 같은 활용이 가능하다.

1) **마케팅 캠페인 효과 분석**: 특정 마케팅 캠페인이 브랜드 인식에 긍정적인 영향을 미쳤는지 여부를 평가할 수 있다.
2) **브랜드 포지셔닝 전략 수정**: 소비자들이 브랜드를 기대와 다르게 인식할 경우, 포지셔닝 전략을 수정해 더 나은 이미지를 구축할 수 있다.
3) **신제품 출시 전략 수립**: 신제품 출시 전에 브랜드 인식 조사를 통해 소비자들의 반응을 예측하고, 이를 바탕으로 마케팅 전략을 조정할 수 있다.
4) **경쟁사 분석**: 경쟁 브랜드와의 비교 분석을 통해 자사 브랜드가 시장에서 경쟁 우위를 갖고 있는지를 확인하고, 부족한 부분을 개선할 수 있다.

브랜드 인식 조사는 소비자가 브랜드를 어떻게 인식하고 있는지 평가하는 핵심적인 과정이다. 이를 통해 브랜드의 현재 상태를 파악하고, 마케팅 전략의 효과성을 검증하며, 장기적인 브랜드 전략을 수립할 수 있다.

정량적, 정성적 방법을 결합해 소비자의 인식과 감정을 폭넓게 이해하는 것이 중요하며, 이를 통해 브랜드는 지속적으로 소비자와의 관계를 강화하고 시장에서의 경쟁력을 유지할 수 있다.

7 브랜드 인식 조사의 중요성

브랜드 인식 조사는 브랜드의 현 위치를 이해하고, 소비자와의 관계를 강화하며, 장기적으로 경쟁력을 유지하는 데 매우 중요한 도구이다. 이를 통해 브랜드는 소비자들의 기대와 요구를 반영한 효과적인 마케팅 전략을 수립하고, 긍정적인 브랜드 이미지를 지속적으로 구축할 수 있다.

브랜드 인식 조사는 소비자가 브랜드를 어떤 감정을 가지고 있는지를 파악하는 데 중요한 역할을 한다. 이를 통해 브랜드의 강점과 약점을 이해하고, 개선점을 도출할 수 있다.

브랜드 인식 조사는 소비자들이 브랜드에 대해 어떻게 인식하고 있는지 파악하는 중요한 과정으로, 성공적인 마케팅 전략을 수립하고 브랜드의 경쟁력을 강화하는 데 필수적이다. 브랜드 인식은 소비자가 브랜드를 어떻게 생각하고, 느끼며, 그 브랜드에 대해 어떤 이미지를 가지고 있는지를 반영한다. 이를 통해 브랜드는 시장에서의 위치를 확인하고, 앞으로의 방향성을 정하는 데 필요한 데이터를 얻을 수 있다.

1) 브랜드 인식 조사의 중요성

(1) 브랜드 인지도 평가

- **브랜드 인지도를 파악**: 소비자들이 특정 브랜드를 얼마나 알고 있는지를

측정하는 것은 매우 중요한다. 브랜드 인지도는 소비자들이 제품이나 서비스를 선택할 때 중요한 역할을 하며, 경쟁사들과의 차별성을 확인하는 첫 번째 단계이다.

- **탑 오브 마인드(Top of Mind) 인식**: 브랜드 인식 조사를 통해 소비자들이 특정 카테고리에서 가장 먼저 떠올리는 브랜드가 무엇인지를 파악할 수 있다. 이는 브랜드가 얼마나 강력한 인지도를 가지고 있는지를 보여준다.

(2) 브랜드 이미지 분석

- **긍정적, 부정적 이미지 평가**: 브랜드 인식 조사를 통해 소비자들이 해당 브랜드에 대해 가지고 있는 감정적, 인지적 이미지를 파악할 수 있다. 소비자들이 브랜드를 긍정적으로 보는지, 부정적으로 보는지를 알아내면 향후 개선점이나 강점을 강화하는 데 도움이 된다.
- **브랜드 속성 분석**: 브랜드가 가지고 있는 다양한 속성(예 혁신성, 신뢰성, 품질 등)에 대해 소비자들이 어떻게 평가하는지 확인할 수 있다. 이를 통해 소비자들이 브랜드에 대해 기대하는 바를 이해할 수 있으며, 이를 반영한 마케팅 전략을 수립할 수 있다.

(3) 경쟁사와의 비교

- **경쟁 브랜드와의 위치 비교**: 브랜드 인식 조사를 통해 자사 브랜드와 경쟁 브랜드가 소비자들 사이에서 어떻게 비교되는지를 파악할 수 있다. 소비자들이 경쟁 브랜드와 자사 브랜드를 어떻게 구별하며, 각각의 브랜드에 대해 어떤 이미지를 가지고 있는지 알 수 있다.
- **차별화 요소 도출**: 조사 결과를 통해 경쟁 브랜드와의 차별화 요소를 명확히 파악할 수 있으며, 이를 바탕으로 경쟁 우위를 강화할 수 있는 전략을 개발할 수 있다.

(4) 소비자 행동 예측

- **구매 결정에 미치는 영향**: 브랜드 인식은 소비자의 구매 결정에 직접적인 영향을 미친다. 브랜드에 대한 긍정적인 인식이 형성되어 있다면 소비자는 해당 브랜드의 제품을 우선적으로 고려하게 된다. 인식 조사를 통해 어떤 요인들이 소비자의 구매 의사결정에 영향을 미치는지를 파악할 수 있다.
- **충성도 및 재구매 의도**: 브랜드 인식이 긍정적일수록 소비자는 해당 브랜드에 대한 충성도가 높아지고, 재구매할 가능성이 커진다. 브랜드 인식 조사는 이러한 충성도와 재구매 의도를 예측하는 데 유용한 정보를 제공한다.

(5) 마케팅 전략 수립

- **효과적인 브랜딩 전략 수립**: 브랜드 인식 조사를 통해 얻은 데이터를 바탕으로 효과적인 브랜딩 전략을 수립할 수 있다. 소비자가 브랜드를 인식하는 방식에 따라 메시지, 마케팅 채널, 광고 전략을 조정할 수 있다.
- **문제점과 개선 기회 식별**: 브랜드 인식 조사 결과는 현재의 브랜드 이미지와 인식에 대한 문제점을 발견하는 데 도움이 된다. 예를 들어, 소비자들이 브랜드에 대해 잘못된 정보를 가지고 있거나 부정적인 인식을 하고 있는 경우 이를 개선할 수 있는 기회를 제공한다.

(6) 신제품 출시 및 확장 전략 평가

- **신제품 도입 가능성 평가**: 브랜드 인식 조사를 통해 소비자들이 브랜드에 대한 신제품이나 새로운 서비스에 대해 얼마나 긍정적으로 반응할지를 예측할 수 있다. 소비자들이 브랜드를 혁신적이고 신뢰할 만한 것으로 인식하고 있다면, 새로운 제품의 시장 진입 성공 가능성이 높아진다.
- **시장 확장 및 세분화 전략**: 브랜드 인식 조사를 통해 특정 시장에서의 브

랜드 위치를 확인하고, 새로운 시장이나 소비자 세그먼트를 타겟팅하는 전략을 세울 수 있다. 이를 통해 더 넓은 시장에 브랜드를 확장할 수 있는 기회를 탐색할 수 있다.

2) 브랜드 인식 조사의 활용

(1) 브랜드 리브랜딩

- 브랜드 인식 조사는 브랜드 리브랜딩 과정에서 매우 중요한 역할을 한다. 조사 결과를 바탕으로 현재 브랜드가 소비자들에게 어떻게 인식되고 있는지 파악하고, 새로운 방향성이나 이미지 구축에 필요한 데이터를 제공한다.

(2) 마케팅 캠페인 효과 측정

- 특정 마케팅 캠페인의 성과를 평가하기 위해 브랜드 인식 조사를 활용할 수 있다. 캠페인 전후의 브랜드 인식을 비교함으로써 캠페인이 소비자에게 어떤 영향을 미쳤는지, 브랜드 이미지가 어떻게 변화했는지를 파악할 수 있다.

(3) 소비자 신뢰도 평가

- 브랜드에 대한 소비자의 신뢰도를 평가하는 데에도 유용하다. 신뢰도는 소비자의 충성도와 재구매율에 직접적인 영향을 미치므로, 브랜드 인식 조사를 통해 소비자가 브랜드를 얼마나 신뢰하는지 측정할 수 있다.

(4) 브랜드 리브랜딩 성공 사례

브랜드 평가와 측정은 브랜드의 가치를 이해하고, 마케팅 활동의 성과를 평가하며, 향후 전략을 수립하는 데 중요한 역할을 한다. 브랜드 자산 평가 방법, 브랜드 인식 조사, ROI와 성과 측정을 통해 브랜드는 시장에서 경쟁력을 유지하고, 지속적인 성장을 도모할 수 있다. 이러한 내용을 통해 독자들은 브랜드 평가와 측정의 중요성과 구체적인 실행 방법을 깊이 있게 이해할 수 있을 것이다.

Burberry(버버리)

- 배경: 버버리는 한때 영국 상류층을 대표하는 클래식한 브랜드였지만, 시간이 지나면서 저가 브랜드와의 이미지 겹침과 구식 스타일로 인해 소비자들에게 신선함을 잃었다.
- 리브랜딩 전략: 크리스토퍼 베일리가 2001년에 크리에이티브 디렉터로 취임하면서, 버버리는 트렌디하고 현대적인 브랜드 이미지로 리브랜딩을 시도했다. 특히 디지털 마케팅과 소셜 미디어를 활용해 젊은 세대와의 소통을 강화하고, 유명 인플루언서 및 셀럽과의 협업을 통해 브랜드 가치를 새롭게 정립했다.
- 성공 요인: 버버리는 전통적인 체크무늬를 현대적이고 패셔너블한 방식으로 재구성하고, 디지털 채널을 통해 젊은 소비자와의 연결을 강화하면서 매출 성장을 이끌어냈다.

Domino's Pizza(도미노 피자)

- 배경: 도미노 피자는 한때 품질이 낮고, 맛없는 피자 브랜드로 인식되었다. 특히 고객들로부터 "피자가 너무 맛없다"는 비판을 받기도 했다.
- 리브랜딩 전략: 도미노 피자는 2009년에 "Pizza Turnaround" 캠페인을 통해 리브랜딩을 시작했다. 고객의 피드백을 반영하여 피자의 맛과 품질을 대폭 개선하고, "우리는 더 나은 피자를 만들겠다"는 메시지를 적극적으로 전달했다. 또한, 혁신적인 피자 주문 앱을 제공하여 소비자 편의를 증대시켰다.

- **성공 요인**: 도미노 피자는 고객의 목소리를 반영한 제품 개선과 디지털 혁신을 통해 브랜드 이미지를 개선했다. 그 결과, 고객 만족도가 크게 증가하고, 도미노 피자의 매출은 크게 상승했다.

CASE STUDY

- 블루보틀(Blue Bottle[17], 미국): 블루보틀은 고급스러운 커피 경험을 제 공하는 브랜드로, 각 매장의 위치와 인테리어를 차별화하여 프리미엄 이 미지를 구축했다. 소비자 만족도 조사와 브랜드 충성도를 측정하며, 매장 경험을 지속적으로 개선하고 있다.

17 **Blue Bottle:** Xu, J. (2023). The Strategy of Consumption Patterns in The Realm of Elegance: A Case Study of Blue Bottle Coffee. *Highlights in Business, Economics and Management, 23*, 571-577.

• 브랜드 역사

블루보틀(Blue Bottle)은 2002년 미국 캘리포니아에서 시작된 고급 커피 브랜드이다. 창립자 제임스 프리먼(James Freeman)은 기존의 대량 생산된 커피에 실망해, **신선하고 질 좋은 커피**를 제공하기 위해 블루보틀을 설립했다. 블루보틀은 단순한 커피 판매를 넘어서, **고급스러운 커피** 경험을 제공하는 데 주력하며, 매장마다 세심하게 디자인된 공간과 정성스럽게 준비된 커피를 통해 프리미엄 이미지를 구축했다.

• 마케팅 성공의 배경

블루보틀의 성공 배경은 **고급스러운 커피 경험과 프리미엄 브랜드 이미지** 구축에 있다. 일반적인 커피 체인점과 달리, 블루보틀은 커피의 품질을 극도로 중요시하며, 이를 기반으로 소비자에게 차별화된 브랜드 경험을 제공한다. 또한, 소비자 만족도를 꾸준히 측정하고, 브랜드 충성도를 높이는 데 집중한다.

① 프리미엄 매장 경험: 블루보틀의 매장은 단순한 커피숍이 아닌, **세심하게 디자인된 공간**으로 소비자들에게 **고급스럽고 차분한 분위기**를 제공한다. 모든 매장은 각각의 지역 특성에 맞춘 인테리어를 갖추고 있으며, 이는 소비자들이 매장을 방문할 때마다 특별한 경험을 할 수 있도록 돕는다. 이와 같은 **매장 경험 차별화 전략**은 소비자들의 충성도를 높이는 데 중요한 역할을 했다.

② 소비자 만족도 조사: 블루보틀은 **소비자 만족도 조사**를 통해 고객의 피드백을 꾸준히 수집하고, 이를 바탕으로 서비스와 제품을 개선한다. 특히, 커피 품질과 고객 서비스에 대한 세부적인 만족도를 측정해 소비자들이 블루보틀에서 기대하는 **프리미엄 경험**을 일관되게 제공하려는 노력을 기울이고 있다.

③ 브랜드 충성도 측정: 블루보틀은 **브랜드 충성도**를 높이기 위해 **고객 로열티 프로그램**을 운영하고, 매장의 방문 경험을 지속적으로 개선해 나가

고 있다. 충성 고객을 대상으로 한 다양한 혜택을 제공하며, 이를 통해 반복 방문을 유도하고, 브랜드에 대한 애착을 높이고 있다.

● 브랜드의 특별한 점

블루보틀의 특별한 점은 **품질 중심의 커피와 프리미엄 매장 경험**에 있다. 블루보틀은 **고급스러운 커피 문화를 창조**하며, 커피 원두의 선택부터 추출 방식까지 모든 과정에서 세심한 주의를 기울이다. 또한, 고객들이 커피를 즐기는 공간에서의 경험까지 고려해, 매장의 분위기와 서비스 품질을 끊임없이 개선하고 있다.

또한, 블루보틀은 **로컬 커피 문화**를 존중하며, 각 매장을 현지의 특색에 맞게 꾸미는 등 **지역 맞춤형 접근**을 통해 소비자들에게 **독특한 경험**을 선사한다. 이를 통해 **고유한 프리미엄 이미지**를 유지하면서도, 지역별로 특색 있는 브랜드 경험을 제공하는 데 성공했다.

● 브랜드 평가와 측정 전략

블루보틀은 **소비자 만족도 조사와 브랜드 충성도 측정**을 통해 브랜드의 성과를 정기적으로 평가하고 개선한다.

① 고객 피드백 시스템: 블루보틀은 정기적인 **고객 피드백 시스템**을 도입해, 고객들의 매장 경험과 커피 품질에 대한 의견을 수집한다. 이를 통해 브랜드의 강점과 약점을 파악하고, 피드백을 기반으로 고객 경험을 지속적으로 개선하고 있다.

② 브랜드 인식과 충성도 측정: 블루보틀은 소비자들이 브랜드를 어떻게 인식하고 있는지에 대한 조사를 통해, **브랜드 이미지**를 유지하고 강화하는 데 중점을 둔다. 이를 위해 NPS(Net Promoter Score)와 같은 도구를 활용해 고객들이 블루보틀을 얼마나 추천하는지, 그리고 얼마나 충성스러운지를 측정한다.

③ 매장 운영 평가: 블루보틀은 각 매장의 성과를 정기적으로 평가하고, **서비스 품질**과 **고객 만족도**를 기준으로 매장의 운영 방식을 조정한다. 이를 통해 고객들이 기대하는 **일관된 프리미엄 경험**을 제공할 수 있도록 최적화된 매장 관리를 실행한다.

• 결론

블루보틀은 **프리미엄 커피 경험**을 제공하는 것을 목표로, 고급스러운 매장 분위기와 일관된 커피 품질을 통해 브랜드 충성도를 높이고 있다. **소비자 만족도**와 **브랜드 충성도**를 측정하는 체계적인 전략을 통해 고객들과의 신뢰를 구축하고 있으며, 지속적으로 고객 경험을 개선하는 노력을 기울이고 있다. 블루보틀의 이러한 **프리미엄 전략**은 앞으로도 브랜드 평판을 유지하고 성장하는 데 중요한 요소로 작용할 것이다.

Work Sheet – 10

교과목:

학번:

이름:

브랜드 평가와 측정에 대해 작성하시오.

1. 브랜드 평가의 중요성?

2. 브랜드 자산의 평가 방법?

3. 브랜드 인식 조사 방법?

CHAPTER

11

혁신과 브랜드 리뉴얼

혁신과 브랜드 리뉴얼(Brand Renewal)은 기업이 빠르게 변화하는 시장 환경과 소비자 요구에 적응하고, 브랜드의 경쟁력을 유지하기 위한 전략적인 접근이다.

브랜드 리뉴얼은 새로운 이미지를 구축하거나, 제품 또는 서비스의 혁신을 통해 브랜드를 새롭게 하는 과정이다. 이 과정을 통해 브랜드는 더욱 신선하고 매력적인 존재로 다시 태어날 수 있다.

브랜드 혁신은 기업의 성장과 지속 가능성을 위한 핵심 요소이다. 변화하는 시장에서 경쟁력을 유지하고, 소비자에게 더 큰 가치를 제공하며, 브랜드의 이미지를 강화할 수 있다. 혁신은 단순한 선택이 아니라 생존을 위한 필수적인 전략이다.

CHAPTER

11

—

혁신과 브랜드 리뉴얼

브랜드 리뉴얼과 혁신은 브랜드가 시장에서 지속적으로 경쟁력을 유지하고, 변화하는 소비자 요구에 대응하기 위한 중요한 전략이다. 이 장에서는 브랜드 리뉴얼 전략, 혁신과 브랜드 차별화, 성공적인 브랜드 리뉴얼 사례에 대해 학습한다.

혁신과 브랜드 리뉴얼(Brand Renewal)은 기업이 빠르게 변화하는 시장 환경과 소비자 요구에 적응하고, 브랜드의 경쟁력을 유지하기 위한 전략적인 접근이다. 브랜드 리뉴얼은 새로운 이미지를 구축하거나, 제품 또는 서비스의 혁신을 통해 브랜드를 새롭게 하는 과정이다. 이 과정을 통해 브랜드는 더욱 신선하고 매력적인 존재로 다시 태어날 수 있다.

1 브랜드 리뉴얼의 필요성

브랜드 리뉴얼은 여러 가지 이유로 필요할 수 있다.

1) 시장 변화: 소비자 트렌드, 기술 발전, 경쟁사의 등장 등 시장 환경이 변화하면 브랜드도 변화에 맞춰 적응해야 한다.

2) 브랜드 노후화: 브랜드가 오랜 시간 동안 같은 이미지나 전략을 유지하면

소비자들에게 낡고 진부하게 인식될 수 있다.

3) **소비자 요구 변화**: 소비자들의 기대와 요구가 변화하면서 기존 브랜드가 그들의 욕구를 충족하지 못할 경우 브랜드 리뉴얼이 필요하다.

4) **경쟁력 강화**: 경쟁 시장에서 브랜드가 차별화되지 않거나, 경쟁사에 비해 약점이 두드러질 경우 브랜드 리뉴얼을 통해 경쟁 우위를 확보할 수 있다.

5) **기업의 변화**: 회사의 비전, 사명, 경영 전략 등이 변화하면, 브랜드가 이를 반영하도록 업데이트될 필요가 있다.

② 브랜드 리뉴얼의 주요 요소

브랜드 리뉴얼은 브랜드의 다양한 요소를 재정립하는 과정을 포함한다. 리뉴얼 과정에서 고려해야 할 주요 요소는 다음과 같다.

1) 브랜드 아이덴티티 재구성

- **브랜드 로고**: 브랜드의 시각적 상징인 로고를 현대적이고 소비자에게 더 잘 맞는 방식으로 재설계할 수 있다.
- **컬러 팔레트**: 브랜드가 사용하는 색상은 소비자에게 감정적 인상을 줄 수 있다. 브랜드가 전달하고자 하는 메시지에 맞는 색상으로 리뉴얼할 수 있다.
- **브랜드 슬로건**: 소비자에게 브랜드의 본질을 간결하게 전달하는 슬로건을 새롭게 구성하여 더 강력한 메시지를 전달할 수 있다.

2) 브랜드 포지셔닝 변화

리뉴얼의 일환으로 브랜드가 목표로 하는 시장에서의 포지셔닝을 새롭게 설정할 수 있다. 예를 들어, 더 고급화된 이미지를 추구하거나, 대중적인 접근을 목표로 할 수 있다.

경쟁사 분석을 통해 자사의 포지셔닝을 차별화하는 전략이 필요하다.

3) 제품 및 서비스 혁신

브랜드 리뉴얼은 단순히 이미지나 마케팅 변화에 국한되지 않는다. 실제 제품이나 서비스의 혁신이 수반될 수 있다. 예를 들어, 새로운 기술을 도입하거나 기존 제품을 업그레이드하여 시장에서의 경쟁력을 강화할 수 있다.

- **제품 개선**: 소비자 피드백을 바탕으로 품질을 개선하거나, 신제품을 추가하는 것도 리뉴얼의 중요한 부분이다.

4) 브랜드 스토리 및 가치 재정립

브랜드가 소비자에게 전달하고자 하는 스토리와 가치를 새롭게 정립해야 한다. 이를 통해 브랜드의 본질을 다시 정의하고, 소비자와의 정서적 연결을 강화할 수 있다.

스토리텔링을 통해 브랜드의 새로운 방향성을 효과적으로 전달할 수 있다.

5) 디지털 트랜스포메이션

기술 혁신과 함께 디지털 시대에 맞춰 브랜드를 온라인 채널과 모바일 중심으로 리뉴얼하는 것도 중요한 요소이다. 웹사이트, 소셜 미디어, 모바일 앱 등의 디지털 자산을 최신화하는 것을 포함한다.

디지털 마케팅 전략도 리뉴얼의 중요한 부분이 될 수 있다.

3 성공적인 브랜드 리뉴얼 사례

1) 구찌(Gucci)

구찌는 2015년 알레산드로 미켈레(Alessandro Michele)가 크리에이티브 디렉터로 임명되면서 브랜드 리뉴얼에 성공했다. 기존의 클래식하고 전통적인 이미지를 탈피해, 젊고 실험적인 패션을 선보이면서 밀레니얼 세대와 Z세대를 타겟으로 브랜드를 새롭게 포지셔닝했다. 구찌가 다시금 글로벌 패션 시장의 선두주자로 자리 잡는 데 기여했다.

2) 버거킹(Burger King)

버거킹은 2021년에 브랜드 리뉴얼을 통해 새로운 로고, 패키지, 매장 인테리어를 선보였다. 이 과정에서 브랜드의 원래 레트로한 이미지를 현대적으로 재해석해, 고유의 정체성을 유지하면서도 최신 트렌드를 반영한 성공적인 리뉴얼을 이루었다. 브랜드 인지도와 소비자 호감도를 높이는 데 기여했다.

3) 아디다스(Adidas)

아디다스는 2010년대 초반 스포츠 브랜드에서 라이프스타일 브랜드로 포지셔닝을 확장했다. 혁신적인 디자인과 유명 디자이너와의 협업을 통해 패션과 스포츠의 경계를 허물었고, 브랜드 리뉴얼을 통해 젊은 세대와의 강력한 관계를 구축했다.

4) 애플(Apple)

1990년대 후반에 애플은 혁신적인 디자인과 기술을 통해 기존 이미지를 완전히 새롭게 바꿨다. 애플은 과거 컴퓨터 제조사에서 벗어나, iPod, iPhone, iPad 등으로 소비자들에게 혁신적인 제품을 제공하면서 '라이프스타일 브랜드'로 포지셔닝을 리뉴얼했다. 이 과정에서 브랜드 로고와 슬로건도 더욱 간결하고 현대적인 방향으로 변경되었다.

5) 스타벅스(Starbucks)

스타벅스는 2011년 브랜드 리뉴얼을 통해 커피만 판매하는 브랜드에서 벗어나, 다양한 음료와 라이프스타일을 제안하는 브랜드로 포지셔닝을 확장했다. 로고에서 'Starbucks Coffee'라는 문구를 제거하고, 좀 더 글로벌하고 포괄적인 이미지를 강조하면서 다양한 제품군을 자연스럽게 수용할 수 있는 브랜드로 리뉴얼했다.

6) 맥도날드(McDonald's)

맥도날드는 과거의 '저렴하고 빠른 패스트푸드' 이미지를 개선하기 위해 리뉴얼을 시도했다. 건강과 환경에 대한 소비자들의 인식 변화를 반영해, 매장의 인테리어를 개선하고 메뉴에 건강식을 추가하면서 더 건강하고 친환경적인 브랜드로 이미지를 변화시켰다.

4 브랜드 리뉴얼을 위한 전략적 접근

1) 철저한 시장 조사

브랜드 리뉴얼 전에 반드시 시장 조사와 소비자 조사를 통해 변화하는 소비자 요구와 시장 트렌드를 파악해야 한다. 브랜드 리뉴얼이 성공하려면 소비자들이 원하는 변화를 잘 이해하고 반영해야 한다.

2) 일관된 커뮤니케이션

리뉴얼 후 브랜드의 새로운 정체성과 가치를 일관되게 소비자에게 전달해야 한다. 광고, 소셜 미디어, 웹사이트 등 모든 채널에서 통일된 메시지를 전달하는 것이 중요하다.

3) 내부 이해관계자들의 참여

리뉴얼 과정에서 기업 내부의 모든 이해관계자, 특히 직원들과의 소통이 중요하다. 브랜드 리뉴얼의 성공 여부는 내부적으로 새로운 브랜드 가치를 잘 이해하고 이를 실천하는지에 달려 있다.

4) 점진적 변화와 과감한 혁신의 균형

브랜드 리뉴얼이 너무 과감하면 기존 고객을 잃을 수 있고, 너무 점진적이면 변화의 효과가 미미할 수 있다. 브랜드가 유지해야 할 핵심 요소는 지키면서, 변화가 필요한 부분에서는 혁신을 시도하는 것이 중요하다.

5 브랜드 리뉴얼의 리스크와 도전 과제

1) 기존 고객의 반발

리뉴얼 과정에서 기존 고객들이 변화를 거부하거나, 브랜드의 새로운 이미지에 적응하지 못하는 경우가 있을 수 있다. 리뉴얼 과정에서 기존 고객층의 요구를 고려하고, 점진적인 변화를 통해 그들의 충성도를 유지하는 것이 중요하다.

2) 시장 내 혼란

리뉴얼이 지나치게 급격하거나 잘못된 방식으로 이루어지면 소비자들에게 혼란을 줄 수 있다. 브랜드가 무엇을 추구하는지 명확하지 않으면, 소비자들이 브랜드의 방향성을 이해하지 못할 수 있다.

3) 투자 비용

브랜드 리뉴얼은 상당한 비용이 소요될 수 있다. 리뉴얼 후에는 마케팅 활동을 통해 브랜드의 새로운 이미지를 적극적으로 알리고, 이를 성공적으로 정착시키기 위한 자원이 필요하다.

브랜드 리뉴얼은 단순히 브랜드의 외형을 바꾸는 것을 넘어, 변화하는 시장과 소비자 요구에 맞춘 전략적 변화를 의미한다. 성공적인 리뉴얼을 위해서는 철저한 조사와 전략적인 계획, 그리고 브랜드 핵심 가치의 유지와 변화의 조화가 필요하다. 브랜드 리뉴얼은 브랜드의 새로운 성장 기회를 창출할 수 있는 중요한 도구이며, 이를 통해 기업은 지속적인 혁신을 이루고 경쟁력을 강화할 수 있다.

6 브랜드 리뉴얼 전략

브랜드 리뉴얼 전략은 기존 브랜드의 이미지를 재정립하거나, 새롭게 발전시켜 시장에서의 경쟁력을 강화하는 데 중점을 둔다. 브랜드 리뉴얼은 단순히 로고를 바꾸거나 새로운 광고를 만드는 것 이상의 전략적인 변화로, 브랜드가 소비자의 변화된 요구와 시장 트렌드에 부응할 수 있도록 돕는 중요한 과정이다.

1) 브랜드 리뉴얼 전략의 핵심 요소

(1) 브랜드 진단 및 분석

- **내부 및 외부 평가:** 브랜드 리뉴얼은 먼저 브랜드의 현재 상태를 진단하는 것에서 시작된다. 내부적으로 브랜드의 비전, 미션, 가치가 잘 반영되고 있는지 평가하고, 외부적으로는 소비자 인식, 시장 경쟁 상황, 트렌드를 분석한다.
- **브랜드 자산 평가:** 기존의 브랜드 자산(로고, 슬로건, 제품 이미지 등)이 여전히 유효한지, 또는 변화가 필요한지를 평가한다. 이를 통해 무엇을 유지하고 무엇을 혁신할지 결정할 수 있다.

(2) 목표 설정

- **명확한 리뉴얼 목적 정의:** 리뉴얼을 통해 달성하고자 하는 목표를 명확히 설정해야 한다. 이는 소비자 인식 변화, 신규 고객 유치, 매출 성장, 새로운 시장 진입 등일 수 있다.

- **측정 가능 목표**: 리뉴얼 전략이 성공했는지 평가할 수 있는 구체적인 지표를 설정한다. 예를 들어, 브랜드 인지도 증가, 시장 점유율 확대, 고객 충성도 개선 등의 목표를 설정한다.

(3) 소비자 통찰력 반영

- **소비자 피드백 수집**: 리뉴얼 과정에서 소비자의 의견을 반영하는 것이 중요하다. 설문조사, 포커스 그룹, 소셜 미디어 분석 등을 통해 소비자가 브랜드에 기대하는 바를 파악하고, 이를 리뉴얼에 반영한다.
- **새로운 트렌드 반영**: 소비자 행동이나 시장 트렌드가 변화하는 것을 반영해, 브랜드가 현재와 미래의 소비자 요구를 충족할 수 있도록 리뉴얼해야 한다.

(4) 브랜드 아이덴티티 재정립

- **브랜드 코어 유지**: 브랜드 리뉴얼을 하더라도 브랜드의 핵심 가치, 철학, 아이덴티티는 유지되어야 한다. 기존 소비자에게 브랜드의 본질이 바뀌지 않았다는 점을 인식시켜주는 것이 중요하다.
- **시각적 리뉴얼**: 브랜드 로고, 색상, 타이포그래피 등의 시각적 요소를 현대적인 트렌드에 맞춰 새롭게 디자인할 수 있다. 브랜드의 첫인상을 새롭게 만드는 데 중요한 역할을 한다.
- **브랜드 메시지 갱신**: 브랜드의 새로운 방향성을 반영한 메시지를 정립한다. 이는 소비자에게 브랜드의 진화 과정을 효과적으로 전달하고, 새롭게 각인시키는 데 도움이 된다.

(5) 브랜드 경험 혁신

- **제품 및 서비스 혁신**: 리뉴얼은 브랜드의 외형적 변화뿐만 아니라, 실제 제품과 서비스의 혁신과도 맞물려야 한다. 소비자가 느끼는 브랜드 경험

이 개선될 수 있도록 제품 품질 개선, 고객 서비스 강화, 사용자 경험(UX) 향상 등을 고려해야 한다.

- **디지털 혁신**: 디지털 기술과 채널을 활용해 브랜드 경험을 혁신할 수 있다. 웹사이트, 앱, 소셜 미디어를 통한 디지털 경험을 개선하고, 이커머스, AI, AR/VR 같은 최신 기술을 활용해 소비자와의 상호작용을 새롭게 정의한다.

(6) 포지셔닝 재설정

- **차별화된 포지셔닝**: 경쟁이 치열한 시장에서 브랜드가 경쟁사와 차별화될 수 있도록 포지셔닝을 재설정해야 한다. 예를 들어, 기존의 기능적 가치를 넘어서 감성적 가치를 강화하거나, 특정 소비자 집단(젠지, 밀레니얼)을 겨냥하는 전략이 될 수 있다.
- **새로운 가치 제안**: 브랜드가 기존의 제품이나 서비스에 새로운 가치를 더할 수 있도록 전략을 수정한다. 예를 들어, 친환경 제품, 사회적 책임, 혁신적인 기술 등을 제안해 소비자에게 더 큰 매력을 제공할 수 있다.

7 브랜드 리뉴얼을 위한 단계적 전략

1) 브랜드 감사(Brand Audit)

브랜드가 현재 시장에서 어떻게 인식되고 있는지, 소비자들이 브랜드를 어떻게 생각하는지 평가한다. 브랜드의 강점과 약점을 파악하여 리뉴얼의 기초 자료로 삼는다.

2) 전략적 계획 수립

리뉴얼을 위한 로드맵을 수립한다. 여기에는 리뉴얼의 목표, 대상 소비자층, 주요 경쟁사 분석, 마케팅 전략 등이 포함된다. 이 과정에서 리뉴얼의 핵심 메시지와 스토리를 설정하고, 이를 어떻게 전달할지 계획한다.

3) 리브랜딩 요소 설계

- **시각적 요소 디자인**: 로고, 컬러, 패키지 디자인 등 브랜드의 시각적 요소를 리뉴얼한다.
- **브랜드 슬로건과 메시지 재정비**: 브랜드의 새로운 방향을 반영하는 슬로건과 메시지를 개발한다.
- **디지털 및 오프라인 경험 재구성**: 브랜드의 웹사이트, 소셜 미디어, 앱 등을 리뉴얼하고, 오프라인 매장이나 고객 서비스 경험도 새롭게 재설계한다.

4) 내부 소통 및 교육

리뉴얼된 브랜드가 기업 내부에서부터 잘 이해되고 실행되도록 직원들과의 소통이 필요하다. 모든 직원이 브랜드의 새로운 비전과 가치를 이해하고 소비자에게 일관되게 전달할 수 있도록 교육 프로그램을 운영한다.

5) 마케팅 및 커뮤니케이션 실행

리뉴얼된 브랜드를 시장에 알리기 위한 마케팅 캠페인을 실행한다. 광고, 소셜 미디어, PR 활동 등을 통해 브랜드의 새로운 이미지를 소비자에게 전달하고, 소비자들이 이를 이해하고 받아들일 수 있도록 돕는다.

6) 지속적인 모니터링 및 피드백

브랜드 리뉴얼 후에는 소비자 반응과 시장에서의 성과를 모니터링해야 한다. 이를 통해 리뉴얼의 성공 여부를 평가하고, 추가적인 개선 사항을 반영할 수 있다. 피드백을 통해 브랜드 전략을 유연하게 조정한다.

8 브랜드 리뉴얼의 리스크 관리

1) 기존 고객과의 연결 유지

기존 고객층이 브랜드 리뉴얼을 반기지 않을 수 있으므로, 변화가 지나치게 급격하지 않도록 해야 한다. 기존 고객이 브랜드의 핵심 가치나 제품을 계속해서 신뢰할 수 있도록 세심하게 변화시켜야 한다.

2) 리뉴얼 실패 리스크

리뉴얼이 소비자에게 부정적으로 인식되거나, 시장에서의 기대에 미치지 못할 경우 실패로 끝날 수 있다. 리뉴얼 전 철저한 시장 조사와 소비자 분석을 통해 리스크를 최소화해야 한다.

3) 비용과 자원 관리

브랜드 리뉴얼은 상당한 비용과 자원이 소모되는 작업이다. 리뉴얼 과정에서 투자 대비 성과가 충분히 나올 수 있도록 세심한 계획과 비용 관리를 해야 한다.

브랜드 리뉴얼 전략은 브랜드의 생명력을 연장하고, 변화하는 시장에서 경쟁력을 유지하기 위한 필수적인 과정이다. 성공적인 리뉴얼을 위해서는 브랜드의 핵심 가치를 유지하면서도 변화하는 소비자 요구와 트렌드에 맞춰 전략적으로 변화를 이끌어야 한다. 철저한 계획, 실행, 그리고 지속적인 피드백을 통해 브랜드 리뉴얼의 효과를 극대화할 수 있다.

9 브랜드 리뉴얼의 중요성

브랜드 리뉴얼은 브랜드의 아이덴티티, 이미지, 포지셔닝을 새롭게 정의하고 재정비하는 과정이다. 이는 브랜드가 시대의 변화에 맞추어 진화하고, 소비자의 변화하는 요구와 기대에 부응하기 위해 필요하다.

브랜드 리뉴얼은 브랜드의 생명 주기를 연장하고, 시장에서의 경쟁력을 강화하는 데 중요한 역할을 한다.

브랜드 리뉴얼은 기업의 성장과 지속 가능성을 위해 매우 중요한 과정이다. 다음은 브랜드 리뉴얼의 주요 중요성을 정리한 내용이다.

1) 시장 변화에 대응

- **소비자 요구의 변화**: 소비자들의 취향과 기대는 시간이 지남에 따라 변화한다. 브랜드 리뉴얼은 이러한 변화에 적응하고 소비자의 요구를 충족하는 데 도움이 된다.
- **경쟁 심화**: 새로운 경쟁사가 등장하거나 기존 경쟁사가 변화를 시도할 때, 브랜드 리뉴얼은 차별화된 이미지를 구축하는 데 필수적이다.

2) 브랜드 이미지 재구축

- **노후화된 브랜드 이미지**: 시간이 지나면서 브랜드가 노후화되거나 진부하게 느껴질 수 있다. 리뉴얼을 통해 현대적이고 신선한 이미지를 제시함으로써 소비자들의 관심을 끌 수 있다.
- **긍정적인 소비자 인식**: 새로운 브랜드 이미지와 메시지는 소비자에게 긍정적인 인상을 주고, 브랜드에 대한 신뢰도를 높이는 데 기여한다.

3) 시장 점유율 확대

- **신규 고객 유치**: 브랜드 리뉴얼은 기존 고객 외에 새로운 고객층을 유치할 수 있는 기회를 제공한다. 특히 젊은 세대나 새로운 소비 트렌드를 반영하면 더 큰 시장 점유율을 확보할 수 있다.
- **재구매율 증가**: 리뉴얼을 통해 기존 고객에게도 새롭게 다가감으로써 재구매율을 높일 수 있다.

4) 내부 동기 부여

- **직원 사기 증진**: 브랜드 리뉴얼은 직원들에게도 긍정적인 변화를 가져온다. 새로운 비전과 목표를 공유함으로써 직원들의 사기와 동기 부여를 높이고, 기업의 문화를 강화할 수 있다.
- **팀의 일체감 강화**: 리뉴얼 과정에 직원들이 참여하게 되면, 브랜드에 대한 소속감을 느끼고 팀워크가 강화된다.

5) 신제품 출시와 혁신 촉진

- **혁신적 이미지 구축**: 리뉴얼 과정에서 신제품을 출시하거나 기존 제품을 혁신함으로써 브랜드의 기술력과 혁신성을 강조할 수 있다.
- **트렌드 선도**: 리뉴얼은 브랜드가 최신 트렌드를 반영하고, 소비자들에게 최신의 경험을 제공할 수 있는 기회를 제공한다.

6) 경쟁 우위 확보

- **차별화된 포지셔닝**: 리뉴얼을 통해 브랜드의 차별화된 가치를 강조하고, 경쟁사와의 명확한 구분을 지을 수 있다.
- **장기적인 성장 기반 마련**: 브랜드가 지속적으로 변화하고 발전함으로써, 장기적인 성장과 성공을 위한 기반을 마련한다.

브랜드 리뉴얼은 단순한 이미지 변화가 아니라, 기업의 비전, 가치를 재정립하고 소비자와의 관계를 강화하는 중요한 과정이다. 이를 통해 기업은 지속적으로 성장하고, 시장에서 경쟁력을 유지할 수 있다.

10 혁신과 브랜드 차별화

혁신과 브랜드 차별화는 기업이 시장에서 경쟁력을 유지하고 소비자에게 더 큰 가치를 제공하기 위한 중요한 전략이다. 두 개념은 서로 밀접하게 연관되어 있으며, 성공적인 브랜드를 구축하는 데 핵심적인 역할을 한다.

혁신과 브랜드 차별화는 기업이 시장에서 경쟁력을 유지하고 소비자에게 독특한 가치를 제공하기 위한 핵심 전략이다. 두 개념은 서로 보완적이며, 성공적인 브랜드 구축에 필수적이다.

1) 혁신의 역할

- **제품 및 서비스 개발**: 혁신은 새로운 제품이나 서비스를 개발하거나 기존 제품을 개선하여 소비자에게 더 나은 경험을 제공한다. 시장에서의 경쟁력을 높이는 데 중요한 역할을 한다.
- **기술 활용**: 최신 기술을 도입하여 생산성과 효율성을 높이거나 소비자 경험을 향상시키는 것이 가능하다. 인공지능이나 IoT 기술을 활용한 스마트 제품은 소비자에게 매력적이다.

2) 브랜드 차별화의 중요성

- **독특한 가치 제공**: 브랜드 차별화는 소비자가 브랜드를 선택하는 이유를 제공한다. 가격, 품질, 디자인 등에서 경쟁사와의 차별성을 명확히 함으로써 소비자의 관심을 끌 수 있다.
- **소비자 인식 형성**: 차별화된 브랜드는 소비자에게 강한 인상을 남기고, 브랜드 충성도를 높이는 데 기여한다.

3) 혁신을 통한 차별화 전략

혁신과 브랜드 차별화는 서로 연결되어 있으며, 성공적인 브랜드를 구축하기 위한 필수 요소이다. 혁신을 통해 소비자에게 독특한 가치를 제공하고, 브랜드 차별화를 통해 시장에서의 경쟁력을 강화하는 것이 중요하다. 이를 통해 기업은 지속 가능한 성장을 이룰 수 있다.

(1) 혁신의 정의와 중요성

- 혁신은 새로운 아이디어, 제품, 서비스, 프로세스 또는 비즈니스 모델을 개발하거나 기존의 것을 개선하는 과정이다. 혁신은 기업이 변화하는 시장 환경에 적응하고 성장하는 데 필수적이다.
- **시장 반응 속도**: 혁신은 소비자의 변화하는 요구에 신속하게 반응할 수 있게 해 준다. 기술 발전에 발맞추어 새로운 제품이나 서비스를 출시함으로써 소비자에게 더 나은 경험을 제공한다.

(2) 브랜드 차별화의 정의와 중요성

- 브랜드 차별화는 경쟁사와의 차별성을 부각시켜 소비자에게 독특한 가치를 제공하는 전략이다. 소비자가 브랜드를 선택하는 데 있어 중요한 요소로 작용한다.
- **소비자 인식**: 브랜드 차별화는 소비자가 브랜드에 대해 갖는 인식을 형성하며, 구매 결정에 직접적인 영향을 미친다. 소비자에게 "왜 이 브랜드를 선택해야 하는가?"라는 질문에 대한 명확한 답을 제공한다.

(3) 고객 중심의 혁신

- 소비자의 요구와 기대를 반영한 제품이나 서비스 개발을 통해 브랜드의 차별성을 부각시킨다. 고객 피드백을 활용하여 혁신을 추진하는 것이 중요하다.

(4) 스마트한 마케팅

혁신적인 마케팅 전략을 통해 브랜드의 독창성을 강조한다. 소셜 미디어, 콘텐츠 마케팅 등을 활용하여 소비자와의 상호작용을 강화하고 브랜드 인식을 높인다.

(5) 지속 가능성과 사회적 책임

지속 가능한 제품이나 친환경적인 접근 방식을 통해 소비자에게 차별화된 가치를 제공한다. 사회적 문제 해결에 기여하는 브랜드는 긍정적인 인식을 구축할 수 있다.

4) 혁신을 통한 차별화 성공 사례

- **테슬라(Tesla[18])**: 전기차 분야에서 혁신적인 기술과 디자인을 통해 시장에서 독특한 위치를 차지하고 있다. 테슬라는 지속적인 혁신을 통해 소비자에게 차별화된 경험을 제공한다.
- **애플(Apple)**: 제품 디자인과 사용자 경험에 대한 혁신을 통해 브랜드 차별화를 이루었다. 고유한 생태계를 통해 소비자에게 독특한 가치를 제공하고 있다.

5) 혁신과 브랜드 차별화의 상호작용

- **혁신을 통한 차별화**: 새로운 기술, 디자인, 서비스 모델을 도입하여 브랜드가 경쟁사와 차별화되도록 한다. 애플은 혁신적인 디자인과 사용자 경험을 통해 소비자에게 독특한 가치를 제공한다.
- **차별화를 통한 혁신 촉진**: 차별화된 브랜드는 소비자에게 특별한 경험을 제공함으로써 지속적인 혁신의 필요성을 부각시킨다. 브랜드가 시장에서 지속 가능한 경쟁력을 유지하는 데 도움을 준다.

18　Tesla: Long, Z., Axsen, J., Miller, I., & Kormos, C. (2019). What does Tesla mean to car buyers? Exploring the role of automotive brand in perceptions of battery electric vehicles. *Transportation research part A: Policy and Practice, 129*, 185-204.

(1) 고객 중심의 혁신

- **소비자 피드백 반영**: 소비자 의견을 반영한 제품 개선이나 새로운 서비스 개발은 혁신과 차별화의 기초가 된다.
- **고객 경험 향상**: 소비자가 원하는 경험을 제공하기 위한 혁신은 브랜드의 가치를 높이고 소비자 충성도를 강화한다.

(2) 기술 활용

- **최신 기술 도입**: 인공지능, 빅데이터, IoT 등 최신 기술을 활용하여 제품이나 서비스를 혁신하고, 소비자에게 차별화된 경험을 제공한다.
- **디지털 혁신**: 온라인 플랫폼과 소셜 미디어를 활용하여 브랜드의 접근성과 소비자와의 상호작용을 극대화한다.

(3) 브랜드 스토리텔링

- **독특한 브랜드 스토리**: 브랜드의 가치와 비전을 효과적으로 전달하는 스토리텔링은 소비자에게 깊은 인상을 남기고 차별화를 강화한다.
- **감성적 연결**: 소비자와 감성적으로 연결되도록 브랜드의 스토리를 개발하여, 브랜드 충성도를 높일 수 있다.
- **테슬라(Tesla)**: 혁신적인 전기차 기술과 자율주행 시스템을 통해 자동차 시장에서 차별화된 이미지를 구축했다. 테슬라는 지속적인 혁신을 통해 소비자에게 독특한 경험을 제공하며, 브랜드 충성도를 강화하고 있다.
- **나이키(Nike)**: 혁신적인 운동화 기술과 독창적인 마케팅 전략으로 브랜드를 차별화했다. 고객 맞춤형 제품 제공 및 지속 가능한 혁신을 통해 소비자에게 특별한 가치를 제공한다.

11 브랜드 혁신의 중요성

혁신은 브랜드가 시장에서 차별화되고, 지속적인 성장을 이루는 데 필수적인 요소이다. 혁신을 통해 브랜드는 새로운 가치를 창출하고, 경쟁 우위를 확보할 수 있다. 브랜드 혁신은 기업의 지속 가능성과 성장에 필수적인 요소이다. 다음은 브랜드 혁신의 중요성의 내용들이다.

1) 시장 경쟁력 유지

- **변화하는 시장 환경**: 시장은 빠르게 변화하고 있으며, 소비자 요구와 트렌드도 지속적으로 발전한다. 브랜드 혁신은 기업이 이러한 변화에 적응하고 경쟁력을 유지하는 데 도움을 준다.
- **경쟁 우위 확보**: 혁신은 경쟁사와의 차별성을 제공하고, 소비자에게 독특한 가치를 제안함으로써 시장에서의 위치를 강화한다.

2) 소비자 만족도 향상

- **고객 경험 개선**: 브랜드 혁신은 제품이나 서비스의 품질을 향상시키고, 고객 경험을 개선하는 데 기여한다. 소비자의 만족도를 높이고, 충성도를 강화하는 데 중요한 역할을 한다.
- **신제품 개발**: 새로운 제품이나 서비스 출시를 통해 소비자에게 더 많은 선택권을 제공하고, 그들의 기대를 초과하는 경험을 선사한다.

3) 브랜드 이미지 강화

- **현대적이고 진취적인 이미지**: 혁신적인 브랜드는 최신 트렌드와 기술을 반영하여 소비자에게 현대적이고 진취적인 이미지를 제공한다. 브랜드의 신뢰도를 높이고 긍정적인 인식을 형성하는 데 기여한다.
- **소비자와의 관계 강화**: 소비자와의 상호작용에서 혁신적인 접근 방식을

도입하면 브랜드에 대한 관심과 호감이 증가하고, 소비자와의 관계가 더욱 돈독해진다.

4) 신규 시장 개척

- **시장 확장 기회**: 브랜드 혁신은 새로운 시장에 진입할 수 있는 기회를 제공한다. 혁신적인 제품이나 서비스는 기존의 시장뿐만 아니라 새로운 소비자층을 겨냥할 수 있다.
- **글로벌 진출**: 혁신을 통해 브랜드가 세계 시장에서 차별화되면 글로벌 진출의 기회를 더욱 확대할 수 있다.

5) 지속 가능한 성장

- **장기적인 수익성 향상**: 브랜드 혁신은 새로운 수익 모델을 창출하고, 소비자에게 더 많은 가치를 제공함으로써 장기적인 수익성을 높이는 데 기여한다.
- **기업의 적응력 강화**: 혁신적인 접근 방식은 기업이 변화하는 환경에 유연하게 대응할 수 있는 능력을 강화한다.

6) 사회적 책임 및 지속 가능성

- **환경 친화적인 혁신**: 지속 가능한 혁신을 통해 사회적 책임을 다하고, 환경에 대한 영향을 최소화할 수 있다. 소비자에게 긍정적인 인식을 제공하고, 브랜드에 대한 신뢰를 높인다.
- **사회적 문제 해결**: 혁신적인 솔루션을 통해 사회적 문제를 해결하는 브랜드는 소비자와의 감정적 연결을 강화하고, 브랜드 충성도를 높이는 데 기여한다.

브랜드 혁신은 기업의 성장과 지속 가능성을 위한 핵심 요소이다. 이를 통해 기업은 변화하는 시장에서 경쟁력을 유지하고, 소비자에게 더 큰 가치를 제공하며, 브랜드의 이미지를 강화할 수 있다. 혁신은 단순한 선택이 아니라 생존을 위한 필수적인 전략이다.

브랜드 리뉴얼과 혁신은 브랜드가 시장에서 지속적인 경쟁력을 유지하고, 변화하는 소비자 요구에 대응하기 위한 중요한 전략이다. 브랜드 리뉴얼 전략, 혁신을 통한 차별화, 성공적인 브랜드 리뉴얼 사례를 통해 브랜드는 새로운 가치를 창출하고, 시장에서의 입지를 강화할 수 있다. 이러한 내용을 통해 독자들은 브랜드 리뉴얼과 혁신의 중요성과 구체적인 실행 방법을 깊이 있게 이해할 수 있을 것이다.

CASE STUDY

- 카카오뱅크(Kakao Bank[19], 한국): 카카오뱅크는 모바일 중심의 간편한 금융 서비스를 제공하며 금융업계에서 혁신적인 브랜드로 자리매김했다. 앱 기반 금융 서비스의 편리함을 내세워 전통 은행들과 차별화된 이미지를 구축하고 있다.

19 **Kakao Bank:** Kwak, N. Y., Yoo, H., & Lee, C. C. (2018). Study on factors affecting financial customer's switching intention to internet only bank: focus on Kakao bank. *Journal of Digital Convergence, 16*(2), 157-167.

• 브랜드 역사

카카오뱅크(KakaoBank)는 2017년에 한국에서 설립된 인터넷전문은행으로, 카카오(Kakao)의 기술력과 플랫폼을 기반으로 모바일 중심의 금융 서비스를 제공한다. 설립 초기부터 **모바일 앱**을 통해 모든 은행 업무를 처리할 수 있도록 설계되어, 전통적인 오프라인 은행들과는 차별화된 서비스를 제공한다. 카카오뱅크는 기존의 복잡한 금융 절차를 간소화하고, **사용자 친화적인 인터페이스**를 통해 혁신적인 금융 경험을 제공하며 빠르게 성장했다.

• 마케팅 성공의 배경

카카오뱅크의 성공은 **디지털 혁신과 차별화된 사용자 경험**에 기반하고 있다. 전통적인 은행들과는 달리, **모바일 중심**의 간편한 금융 서비스를 제공하면서 새로운 방식으로 고객과 상호작용하고 있으며, 이를 통해 빠르게 시장 점유율을 확대했다.

① **모바일 중심의 편리함**: 카카오뱅크는 모바일 앱을 통해 계좌 개설, 송금, 대출 등의 모든 금융 서비스를 간단히 처리할 수 있도록 하여, 전통적인 오프라인 은행의 복잡한 절차를 대체했다. **비대면 계좌 개설**과 같은 혁신적인 기능을 통해 소비자들이 더 이상 은행 지점을 방문할 필요 없이, 앱을 통해 모든 금융 서비스를 쉽게 이용할 수 있게 했다.

② **사용자 친화적인 인터페이스**: 카카오뱅크 앱은 **심플하고 직관적인 사용자 인터페이스**를 제공하여, 다양한 연령대의 사용자들이 쉽게 금융 서비스를 이용할 수 있게 설계되었다. 금융 상품의 복잡한 설명을 단순하고 명확하게 제공하여, 금융 지식이 부족한 사용자들도 쉽게 이해할 수 있는 경험을 제공한다.

③ **기술 혁신과 보안**: 카카오뱅크는 **첨단 보안 기술**을 도입하여 금융 서비스의 안전성을 보장하면서도, 빠르고 편리한 거래를 지원한다. 특히, **카카오톡**과의 연계를 통해 송금과 같은 간단한 금융 활동이 가능하게 하여,

고객들이 이미 익숙한 플랫폼을 활용해 혁신적인 금융 경험을 할 수 있도록 했다.

- **브랜드 리뉴얼과 혁신 전략**

카카오뱅크는 기존 금융 시스템을 디지털화하는 데 그치지 않고, **혁신적인 기술**과 **고객 경험**을 지속적으로 개선하며 브랜드 리뉴얼을 성공적으로 이끌고 있다.

① 디지털 금융 혁신: 카카오뱅크는 **AI 기반의 금융 상담 서비스**를 제공하며, 고객들이 더 나은 금융 결정을 내릴 수 있도록 돕는다. 예를 들어, 자동화된 대출 심사 시스템과 같은 기술 혁신은 고객들에게 더 빠르고 신뢰할 수 있는 서비스를 제공한다. 또한, **빅데이터**를 활용한 맞춤형 금융 상품 추천을 통해 사용자 개인의 금융 니즈를 충족시킨다.

② 기존 금융과의 **차별화**: 카카오뱅크는 전통적인 금융기관들과는 다른 **차별화된 이미지를 구축**했다. 이는 전통 은행들이 제공하지 못하는 **편리함**과 **모바일 중심의 서비스**로 소비자들의 마음을 사로잡았기 때문이다. 기존의 복잡하고 시간 소모적인 절차에서 벗어나, 앱 하나로 모든 금융 활동을 처리할 수 있다는 점에서 소비자들이 카카오뱅크를 신뢰하게 되었다.

③ 서비스 확장과 브랜드 리뉴얼: 카카오뱅크는 단순한 은행 서비스 제공을 넘어, **투자, 보험** 등 다양한 금융 서비스를 하나의 앱에서 제공하는 통합 금융 플랫폼으로 성장하고 있다. 이를 통해 소비자들에게 **올인원 금융 서비스**를 제공하며, 브랜드를 지속적으로 확장하고 리뉴얼해 나가고 있다.

- **브랜드의 특별한 점**

카카오뱅크의 특별함은 **모바일 중심의 금융 혁신**과 **기술 기반의 사용자 경험**에 있다. 특히, 한국에서 매우 활발히 사용되고 있는 **카카오톡과**의 연동을 통해, 사용자들은 카카오톡 친구에게 빠르고 간편하게 송금할 수 있는 기능을 제공받는다. 또한, **간편한 대출 절차**와 **투명한 수수료** 정책을 통해 금융 서비스의 문턱을 낮추었으며, 이러한 접근은 젊은 세대뿐만 아니라 다양한 연령층에 걸쳐 폭넓은 지지를 받고 있다.

카카오뱅크는 또한 **저비용 고효율 운영 모델**을 통해 물리적인 지점이 없는 대신, 모바일 서비스에 집중하면서 고객들에게 더 저렴하고 빠른 금융 서비스를 제공할 수 있었다.

• 브랜드 평가와 리뉴얼 전략

카카오뱅크는 **사용자 만족도 조사와 앱 사용 분석**을 통해 지속적으로 서비스를 개선하고 있다. 이를 통해 고객들이 앱을 사용하는 과정에서 느끼는 불편함이나 개선점을 빠르게 반영하며, 브랜드 이미지를 더욱 강화하고 있다.

① **사용자 피드백 반영**: 카카오뱅크는 사용자로부터 받은 피드백을 빠르게 반영해, 앱의 성능과 기능을 지속적으로 업데이트한다. 이는 **빠른 반응성**과 **사용자 중심의 접근**을 기반으로 한 브랜드 리뉴얼 전략의 일환이다.

② **지속적인 혁신**: 카카오뱅크는 기술 혁신을 통해 브랜드를 끊임없이 발전시키고 있으며, 이를 통해 고객의 기대를 충족시킨다. 새로운 기능과 서비스를 꾸준히 도입하여 소비자들이 더욱 편리하고 혁신적인 금융 경험을 누릴 수 있도록 하고 있다.

• 결론

카카오뱅크는 **모바일 금융 혁신**을 선도하며, 기존의 금융 업계와는 차별화된 브랜드 이미지를 구축했다. **디지털 금융**과 **고객 중심의 서비스 개선**을 통해 브랜드 리뉴얼에 성공했으며, 지속적인 혁신을 통해 **차세대 금융 서비스**의 선두주자로 자리매김하고 있다. 앞으로도 카카오뱅크는 **기술 혁신**과 **사용자 경험 개선**을 바탕으로 성장할 가능성이 크다.

Work Sheet - 11

교과목:

학번:

이름:

혁신과 브랜드 리뉴얼에 대해 작성하시오.

1. 브랜드 리뉴얼의 중요성?

2. 브랜드 리뉴얼의 구성 요소?

3. 혁신을 통한 브랜드 차별화 전략?

CHAPTER

12

미래의 브랜드 마케팅

미래의 브랜드 마케팅은 급변하는 기술 환경, 소비자 행동, 그리고 사회적 트렌드에 따라 여러 가지 방향으로 진화할 것이다.

미래의 브랜드 마케팅은 기술 발전, AI와 머신러닝의 활용, 지속 가능한 브랜드와 사회적 책임을 중심으로 발전할 것이다. 이러한 요소들은 브랜드가 소비자와 더욱 깊이 소통하고, 차별화된 가치를 제공하며, 지속 가능한 성장을 이루는 데 중요한 역할을 할 것이다. 미래의 브랜드 마케팅 트렌드와 구체적인 실행 방법을 깊이 있게 이해할 수 있을 것이다.

미래의 브랜드 마케팅

브랜드 마케팅의 미래는 기술 발전, AI와 머신러닝의 활용, 지속 가능한 브랜드와 사회적 책임과 같은 중요한 트렌드와 혁신에 의해 크게 영향을 받을 것이다. 이 장에서는 이러한 요소들이 브랜드 마케팅에 어떻게 적용될 수 있는지에 대해 학습한다.

미래의 브랜드 마케팅은 급변하는 기술 환경, 소비자 행동, 그리고 사회적 트렌드에 따라 여러 가지 방향으로 진화할 것이다. 다음은 미래의 브랜드 마케팅에서 주 미래에는 브랜드 마케팅이 더욱 중요해질 것으로 예상된다.

첫째, 디지털 기술의 발전으로 인공지능(AI, Artificial Intelligence) 및 빅데이터(Big Data)분석 등의 발전은 소비자들의 행동 패턴을 보다 정확하게 파악하고 개인 맞춤형 마케팅을 가능하게 한다. 이를 통해 브랜드는 고객과의 상호작용을 강화하고 더 나은 경험을 제공할 수 있다.

둘째, 지속 가능한 경영과 환경 문제의 인식 증가로 소비자들은 기업의 윤리적 책임과 환경에 미치는 영향을 중요하게 생각한다. 따라서 기업은 친환경적이고 윤리적인 가치를 제공하는 브랜딩 전략을 채택해야 한다.

셋째, 소셜 미디어와 인플루언서 마케팅의 중요성 증대로 소셜 미디어는 소비자들이 브랜드와 상호작용하는 주요 채널이다. 인플루언서는 소비자들에게 큰 영향력을 미치며, 이들을 활용한 마케팅은 브랜드의 인지도를 높이고 판매를 촉진하는데 효과적이다.

넷째, 가상 현실과 증강 현실 활용 확대로의 가상 현실(VR, Virtual Reality) 및 증강 현실(AR, Augmented Reality)의 기술은 새로운 형태의 체험을 제공하며, 이는 브랜드에 대한 관심을 높이는데 도움이 된다. 주목할 만한 주요 트렌드이다.

1 미래의 브랜드 마케팅에서 주목할 만한 주요 트렌드

1) 개인화(Personalization)

- **데이터 기반 마케팅**: 소비자 데이터 분석을 통해 개인 맞춤형 경험을 제공하는 것이 중요해질 것이다. 소비자의 선호도와 구매 이력을 기반으로 맞춤형 제품 추천, 광고, 콘텐츠를 제공할 수 있다.
- **고객 여정 최적화**: 각 소비자의 여정에 맞춘 적절한 메시지를 전달하여 더욱 깊은 관계를 구축할 수 있다.

2) 디지털 혁신과 기술 활용

- **인공지능(AI)**: AI를 활용한 예측 분석, 챗봇, 맞춤형 추천 시스템 등은 소비자와의 상호작용을 더욱 효과적으로 만들어 줄 것이다.
- **가상현실(VR) 및 증강현실(AR)**: VR과 AR을 통해 소비자는 새로운 방식으로 브랜드와 상호작용할 수 있다. 제품 체험이나 스토리텔링에 활용되어 소비자 경험을 혁신할 것이다.

3) 지속 가능성 및 사회적 책임

- **친환경 마케팅**: 지속 가능한 제품 및 서비스에 대한 소비자 관심이 증가

함에 따라, 브랜드는 지속 가능성을 중심으로 한 마케팅 전략을 강화해야 한다.

- **사회적 가치**: 브랜드가 사회적 문제 해결에 기여하는 방식으로 소비자와의 관계를 형성하는 것이 중요해질 것이다. 소비자들은 자신이 지지하는 브랜드의 가치에 더욱 민감해질 것이다.

4) 옴니채널 마케팅

- **통합된 소비자 경험**: 온라인과 오프라인의 경계를 허물고, 다양한 채널을 통해 일관된 소비자 경험을 제공하는 것이 필수적이다. 소비자는 원하는 방식으로 브랜드와 상호작용할 수 있어야 한다.
- **소셜 미디어 활용**: 소셜 미디어 플랫폼은 브랜드와 소비자 간의 실시간 소통을 가능하게 하며, 브랜드의 이야기를 전달하는 중요한 채널이 될 것이다.

5) 커뮤니티 중심의 마케팅

- **소비자 참여 유도**: 브랜드가 소비자와의 관계를 강화하기 위해 커뮤니티를 형성하고 소비자의 참여를 유도하는 것이 중요해질 것이다. 이를 통해 브랜드 충성도를 높이고, 긍정적인 입소문을 생성할 수 있다.
- **소통의 장**: 브랜드가 소비자와 직접 소통하고 피드백을 받을 수 있는 플랫폼을 통해 소비자 의견을 반영하는 것이 중요하다.

6) 브랜드 스토리텔링

- **강력한 내러티브**: 소비자들은 브랜드의 가치와 비전, 미션에 대한 강력한 이야기를 원한다. 브랜드 스토리텔링은 소비자와의 정서적 연결을 강화하는 데 필수적이다.

- **감성적 연결**: 브랜드의 스토리를 통해 소비자와 감정적으로 연결될 수 있는 전략이 중요해질 것이다.

7) AI와 자동화

- **자동화된 마케팅**: 마케팅 캠페인을 자동화하고, AI를 통해 실시간 데이터 분석을 기반으로 한 결정이 이루어질 것이다.
- **효율적인 자원 관리**: AI를 활용한 효율적인 캠페인 운영과 고객 관리가 브랜드 마케팅의 효율성을 높일 것이다.

미래의 브랜드 마케팅은 기술, 소비자 행동, 사회적 가치의 변화를 반영한 혁신적이고 개인화된 접근 방식으로 진화할 것이다. 브랜드는 이러한 변화를 이해하고 적응하여 소비자와의 관계를 강화하고 지속 가능한 성장을 이룰 수 있는 전략을 구축해야 한다.

2 기술 발전의 중요성

기술 발전은 브랜드 마케팅의 새로운 기회를 열어준다. 디지털 기술, 데이터 분석, 가상 현실(VR)과 증강 현실(AR) 등의 혁신적인 기술은 브랜드가 소비자와 소통하고, 경험을 제공하는 방식을 변화시키고 있다.

기술 발전은 개인, 기업, 사회 전반에 걸쳐 중요한 영향을 미치며, 여러 가지 측면에서 그 중요성을 갖는다. 다음은 기술 발전의 중요성을 정리한 내용이다.

1) 효율성 증대

- **생산성 향상**: 자동화와 인공지능을 활용하여 업무 프로세스를 최적화하고 생산성을 높일 수 있다. 이는 기업의 운영 비용을 줄이고, 더 많은 가치를 창출하게 한다.

- **시간 절약**: 기술은 반복적인 작업을 자동화하고, 데이터 처리 속도를 빠르게 하여 시간을 절약할 수 있게 한다.

2) 혁신 촉진

- **신제품 및 서비스 개발**: 기술 발전은 새로운 아이디어와 솔루션의 기초가 되어 혁신을 촉진한다. 이는 새로운 시장 기회를 창출하고 소비자 요구에 맞춘 제품을 개발하는 데 기여한다.
- **경쟁력 유지**: 기업이 지속적으로 기술 혁신에 투자함으로써 시장에서의 경쟁력을 유지하고 성장할 수 있다.

3) 정보 접근성과 소통

- **정보의 민주화**: 인터넷과 디지털 기술 덕분에 누구나 쉽게 정보에 접근할 수 있게 되었고, 이는 교육과 정보 공유를 촉진한다.
- **소통의 혁신**: 소셜 미디어, 메신저 앱 등은 사람들 간의 소통 방식을 변화시켰으며, 실시간으로 의견을 교환하고 연결될 수 있는 기회를 제공한다.

4) 경제 성장

- **새로운 산업 창출**: 기술 발전은 새로운 산업과 직업을 창출하여 경제 성장을 이끌어낸다. 예를 들어, IT, 데이터 분석, 인공지능 분야에서 많은 일자리가 생겨나고 있다.
- **글로벌화 촉진**: 기술은 국제 무역과 비즈니스를 용이하게 하여 세계 경제의 통합을 촉진한다.

5) 사회적 문제 해결

- **의료 혁신**: 기술은 의료 분야에서 진단, 치료, 예방에 혁신적인 변화를 가져오며, 건강한 사회를 만드는 데 기여한다.
- **환경 보호**: 지속 가능한 기술과 에너지 효율성 향상 기술은 환경 문제 해결에 중요한 역할을 할 수 있다.

6) 생활 수준 향상

- **편리한 생활**: 스마트 홈 기술, 모바일 앱 등은 일상 생활을 더욱 편리하게 만들고, 소비자의 삶의 질을 향상시킨다.
- **접근성 향상**: 기술 발전은 장애인이나 노인 등 사회적 약자의 생활을 개선하는 데 기여할 수 있는 다양한 솔루션을 제공한다.

7) 교육과 학습

- **온라인 교육**: 기술 덕분에 언제 어디서나 학습할 수 있는 온라인 교육 플랫폼이 등장하여 교육의 접근성을 높이고, 다양한 학습 경험을 제공한다.
- **맞춤형 학습**: 데이터 분석과 AI를 활용하여 개인의 학습 스타일에 맞춘 맞춤형 교육이 가능해지고 있다.

기술 발전은 우리의 삶과 사회에 필수적인 요소로 자리잡고 있으며, 개인의 생활, 기업의 운영, 사회 문제 해결 등 다양한 분야에서 중요한 역할을 하고 있다. 이러한 발전을 지속적으로 추진하고 활용하는 것이 미래를 준비하는 데 필수적이다.

3 디지털 기술의 활용

1) 소셜 미디어와 콘텐츠 마케팅

- **실시간 소통**: 소셜 미디어 플랫폼을 통해 브랜드는 실시간으로 소비자와 소통하고, 피드백을 즉각적으로 받을 수 있다.
- **인터랙티브 콘텐츠**: 인터랙티브 콘텐츠는 소비자의 참여를 유도하고, 브랜드 경험을 향상시킨다. 예를 들어, 퀴즈, 설문조사, 라이브 스트리밍 등이 있다.

2) 데이터 분석과 맞춤형 마케팅

- **빅데이터 분석**: 소비자의 행동 데이터를 분석하여 개인화된 마케팅 메시지와 맞춤형 경험을 제공할 수 있다.
- **예측 분석**: 예측 분석을 통해 소비자의 미래 행동을 예측하고, 이에 맞춘 마케팅 전략을 수립한다.

3) 가상 현실(VR)과 증강 현실(AR)

- **몰입형 경험**: VR과 AR 기술을 활용하여 소비자에게 몰입형 브랜드 경험을 제공한다. 예를 들어, 가상 쇼룸, AR 기반 제품 시연 등이 있다.
- **브랜드 참여 강화**: 소비자가 직접 경험하고 상호작용할 수 있는 콘텐츠를 제공하여 브랜드 참여를 강화한다.

4 AI와 머신러닝의 활용

1) AI와 머신러닝의 중요성

AI와 머신러닝은 브랜드 마케팅을 혁신적으로 변화시키고 있다. 이러한 기술은 소비자 데이터를 분석하고, 맞춤형 경험을 제공하며, 효율적인 마케팅 전략을 수립하는 데 중요한 역할을 한다.

2) AI와 머신러닝의 활용 방법

(1) 개인화된 마케팅

- **추천 시스템**: AI 기반의 추천 시스템을 통해 소비자에게 맞춤형 제품 추천을 제공하여 구매 가능성을 높인다.
- **개인화된 콘텐츠**: 머신러닝 알고리즘을 활용하여 소비자의 관심사와 행동에 맞춘 개인화된 콘텐츠를 제공한다.

(2) 고객 서비스 자동화

- **챗봇**: AI 챗봇을 통해 24시간 고객 지원을 제공하고, 소비자의 질문에 실시간으로 답변한다.
- **음성 인식 기술**: 음성 인식 기술을 활용하여 소비자가 음성으로 브랜드와 상호작용할 수 있도록 한다.

(3) 캠페인 최적화

- **실시간 분석**: 머신러닝을 통해 마케팅 캠페인의 실시간 데이터를 분석하고, 즉각적으로 전략을 조정한다.
- **성과 예측**: AI를 활용하여 마케팅 캠페인의 성과를 예측하고, ROI를 극대화할 수 있는 전략을 수립한다.

(4) 소셜 미디어 분석

- **감정 분석**: AI를 통해 소셜 미디어에서 브랜드에 대한 감정을 분석하고, 소비자의 감정 변화를 실시간으로 모니터링한다.
- **트렌드 예측**: 머신러닝 알고리즘을 사용하여 소셜 미디어 트렌드를 예측하고, 이를 기반으로 마케팅 전략을 수립한다.

5 지속 가능한 브랜드와 사회적 책임

지속 가능한 브랜드와 사회적 책임 전략은 기업이 환경적, 사회적 문제를 해결하면서 동시에 경제적 성과를 달성하는 데 중점을 둔 경영 방침이다. 이는 단순히 제품을 판매하는 것을 넘어, 기업이 사회와 환경에 긍정적인 영향을 미치는 방식으로 운영됨을 의미한다. 다음은 지속 가능한 브랜드와 사회적 책임 전략의 주요 요소들이다.

1) 환경적 지속 가능성

- **친환경 제품 개발**: 재활용 가능한 자원 사용, 친환경 소재 도입, 에너지 효율적인 제품 설계 등을 통해 환경에 미치는 영향을 최소화한다. 예를 들어, 플라스틱 사용을 줄이거나 탄소 배출을 감소시키는 제품을 개발한다.
- **지속 가능한 공급망 관리**: 공급망 전반에서 환경에 대한 책임을 다하는 것은 중요한 전략 중 하나이다. 공급업체가 지속 가능한 방식으로 자원을 관리하고, 공정한 노동 관행을 준수하는지 확인해야 한다.
- **에너지 절약 및 탄소 중립 목표**: 기업은 에너지 효율적인 생산 공정을 도입하고, 탄소 중립 목표를 설정해 기후 변화 대응에 기여할 수 있다.

2) 사회적 책임(CSR, Corporate Social Responsibility)

- **공정한 노동 관행**: 공정한 임금과 안전한 근무 환경을 제공함으로써 직원의 권리를 보호하고, 공급망 내에서도 인권을 존중하는 관행을 확립하는 것이 중요하다.
- **지역 사회 기여**: 기업은 지역 사회의 복지와 발전에 기여하는 활동을 수행할 수 있다. 예를 들어, 교육 프로그램 후원, 지역 사회 개발 프로젝트 참여, 취약계층 지원 등이 있다.

- **다양성 및 포용성 촉진**: 기업 내에서 성별, 인종, 문화 등 다양한 배경을 존중하고 포용하는 문화를 만들고, 이를 브랜드 전략에 반영하는 것이 중요하다.

3) 투명성 및 윤리적 경영

- **윤리적 공급망 관리**: 기업은 공급망의 모든 단계에서 윤리적 기준을 준수해야 하며, 자원의 추출, 생산, 유통에서 공정 무역과 인권 보호를 지켜야 한다.
- **투명한 경영**: 소비자와 투자자에게 기업의 환경 및 사회적 성과를 투명하게 공개하는 것이 중요하다. 지속 가능성 보고서나 ESG(환경, 사회, 지배구조) 공시를 통해 신뢰를 얻을 수 있다.

4) 지속 가능한 마케팅과 소비자 참여

- **지속 가능성 강조한 마케팅**: 브랜드는 자신들의 친환경 및 사회적 책임 활동을 적극적으로 홍보함으로써 소비자의 신뢰를 구축할 수 있다. 그러나 이는 진정성 있게 이루어져야 하며, 그린워싱(허위 친환경 마케팅)을 피해야 한다.
- **소비자 교육**: 브랜드는 소비자에게 지속 가능한 소비 방법에 대해 교육하고, 소비자가 환경에 미치는 영향을 줄이도록 도울 수 있다. 예를 들어, 제품의 수명 연장, 재활용 방법 등의 정보를 제공하는 것이다.

5) 사회적 혁신과 문제 해결

- **사회 문제 해결을 위한 제품 및 서비스**: 지속 가능한 브랜드는 사회적 문제 해결에 초점을 맞춘 제품과 서비스를 개발한다. 예를 들어, 깨끗한 물 공급, 빈곤 문제 해결, 교육 기회 확대 등 구체적인 사회적 가치를 창출하는 제품을 도입할 수 있다.

- **파트너십 형성**: NGO, 정부, 지역 사회와 협력하여 더 큰 사회적 가치를 창출하는 것이 가능하다. 이러한 파트너십을 통해 브랜드는 더 넓은 사회적 임팩트를 가질 수 있다.

6 ESG(환경, 사회, 지배구조) 경영

1) 환경, 사회, 지배구조 통합 전략

지속 가능한 브랜드는 ESG 경영을 통해 환경적, 사회적 책임과 윤리적 경영을 실천한다. ESG 기준은 투자자들이 기업의 지속 가능성을 평가하는 중요한 척도가 되며, 장기적으로 기업 가치를 높이는 역할을 한다.

2) ESG 경영과 마케팅: 기업의 지속 가능한 미래를 위한 전략적 접근

- **ESG 개요**

ESG는 Environmental(환경), Social(사회), Governance(지배구조)의 약어로, 기업의 사회적 책임을 다하기 위한 핵심 요소들을 정의하는 개념이다. 이는 기업의 비즈니스 전략에서 단기적인 이익 추구뿐만 아니라, 지속 가능성과 사회적 책임을 다하는 방향으로의 전환을 요구한다. ESG 경영은 기업의 장기적인 성장을 위한 필수적인 요소로 자리잡고 있으며, 소비자, 투자자, 정부 등 다양한 이해관계자들과의 관계에서 중요한 역할을 한다.

ESG 경영과 브랜드 마케팅은 상호 보완적인 관계에 있다. 특히, 현대의 소비자는 단순히 제품의 품질이나 가격뿐만 아니라, 브랜드가 사회적, 환경적 책임을 어떻게 실천하는지를 중시한다. 따라서, ESG 경영은 단기적인 재무적 성과를 넘어서, 기업의 브랜드 이미지와 고객 충성도에 중요한 영향을 미친다.

브랜드 마케팅은 기업이 전달하고자 하는 가치와 목표를 소비자에게 효과적으로 전달하는 전략이다. ESG 경영을 마케팅에 통합함으로써, 기업은 지속 가능성을 중시하는 소비자와의 관계를 강화하고, 사회적 책임을 다하는 브랜드 이미지를 구축할 수 있다. 또한, ESG 마케팅은 기업의 기업 시민으로서의 역할을 부각시켜, 소비자, 투자자, 그리고 기타 이해관계자들과의 신뢰를 구축하는 중요한 수단이 된다.

• ESG 경영의 중요성

① 환경적 책임(Environmental Responsibility)

환경적 책임을 강조하는 마케팅 전략은 기후 변화, 자원 고갈, 오염 문제 등에 대응하는 기업의 노력을 소비자에게 전달하는 방식이다. 기업은 탄소 배출 감소, 재활용 가능 제품의 생산, 친환경 포장재 사용 등을 통해 환경 친화적인 이미지를 구축할 수 있다. 또한, 소비자에게 환경적 가치를 전달하는 마케팅 활동은 브랜드의 신뢰성을 높이는 중요한 요소로 작용한다.

② 사회적 책임(Social Responsibility)

사회적 책임을 강조하는 마케팅 전략은 기업이 사회에 미치는 영향을 다루며, 공정 노동 관행, 소수자 보호, 지역사회 개발 등의 사회적 활동을 포함한다. ESG 경영을 실천하는 기업은 공정한 거래와 노동 환경을 조성하고, 사회적 약자에 대한 지원을 아끼지 않으며, 윤리적인 경영을 통해 브랜드의 신뢰도를 높인다. 또한, 이러한 활동은 사회적 기업 이미지와 결합되어 소비자들의 충성도를 강화하는 데 중요한 역할을 한다.

③ 지배구조(Governance)

지배구조의 측면에서 ESG 경영은 투명한 경영과 윤리적 기업 문화를 촉진한다. 기업의 경영 구조가 투명하고 윤리적으로 운영될 때, 소비자는 해당 기업을 신뢰할 수 있는 브랜드로 인식하게 된다. 또한, 투자자들은 윤리적 경영을 실천하는 기업에 대해 긍정적인 평가를 내리며, 이는 기업 평판과 주주 가치에 긍정적인 영향을 미친다.

3) ESG와 마케팅의 연관성

ESG 경영은 기업의 브랜드 가치와도 밀접한 연관이 있다. 소셜 미디어, 디지털 플랫폼, CSR 캠페인 등 다양한 마케팅 전략을 통해 ESG 경영을 소비자에게 알리고, 소비자와의 신뢰 구축에 활용하는 것이 중요하다.

• ESG를 마케팅 전략에 통합

① **브랜드 이미지 향상**: ESG 경영을 실천하는 기업은 사회적 책임을 다하는 모습으로 브랜드 이미지를 강화할 수 있다. 예를 들어, 지속 가능한 생산 방식을 채택하거나 친환경 제품을 출시하면 소비자들의 인식이 긍정적으로 변할 수 있다.

② **소비자와의 신뢰 구축**: 현대 소비자는 브랜드가 사회적 책임을 다하고, 환경에 미치는 영향을 최소화하는지를 중시한다. ESG 활동을 마케팅에 통합함으로써 기업은 소비자와의 신뢰를 쌓을 수 있다.

③ **ESG 성과를 강조한 광고 캠페인**: 기업이 환경 보호, 사회적 책임, 투명한 지배구조 실천을 강조하는 광고를 통해 브랜드의 차별성을 부각시킬 수 있다. 예를 들어, 친환경 원료 사용, 재활용 가능한 포장재 사용, 공정무역 제품 판매 등을 강조하는 캠페인이다.

• ESG 마케팅 전략의 주요 요소

① **투명성**: ESG 경영의 실천 내용을 소비자에게 투명하게 전달하는 것이 중요하다. 소비자들은 기업이 실제로 ESG 목표를 달성하고 있는지, 그 과정에서 얼마나 노력하고 있는지를 궁금해 한다.

② **커뮤니케이션**: ESG 활동을 마케팅에 통합할 때, 명확하고 일관된 메시지를 전달해야 한다. 이를 통해 소비자는 기업이 진정성 있게 ESG 활동을 실천하고 있다는 것을 이해하게 된다.

③ **인플루언서 마케팅**: ESG 경영과 관련된 인플루언서와의 협업을 통해, 브랜드가 환경, 사회적 가치, 윤리적 경영 등을 적극적으로 홍보할 수 있다.

④ **지속 가능한 제품 및 서비스 홍보**: ESG 경영을 바탕으로 개발된 제품이나 서비스를 마케팅하는 것은 소비자들에게 긍정적인 메시지를 전달할 수 있다. 예를 들어, 탄소 배출이 적은 제품, 공정무역 인증 제품 등을 홍보할 수 있다.

ESG 경영은 기업의 브랜드 가치를 높이고, 소비자와의 신뢰를 쌓는 데 중요한 역할을 한다. 이를 마케팅 전략에 통합함으로써 기업은 지속 가능한 발전을 목표로 하는 동시에, 사회적 책임을 다하는 모습을 소비자에게 효과적으로 전달할 수 있다. ESG를 통한 브랜드 마케팅은 기업의 미래를 위한 중요한 전략으로, 지속 가능한 경영과 사회적 책임을 다하는 기업의 이미지를 만들어 나가는 데 필수적이다.

〈사례〉

- **파타고니아(Patagonia)**: 파타고니아는 환경 보호와 지속 가능성을 최우선으로 하는 브랜드이다. 재활용 가능한 제품을 만들고, 소비자들에게 오래 사용할 수 있는 제품을 제공하며, 환경 문제에 대해 적극적으로 활동한다.
- **유니레버(Unilever)**: 유니레버는 지속 가능한 생활을 위한 브랜드 캠페인을 통해 환경과 사회적 책임을 강조하고 있다. 특히 'Sustainable Living Plan'을 통해 공급망에서의 환경 발자국 감소와 공정한 노동 관행을 강화했다.

지속 가능한 브랜드와 사회적 책임 전략은 기업이 단순히 이윤을 추구하는 것을 넘어, 사회와 환경에 긍정적인 영향을 미치는 방향으로 발전하는 데 필수적이다. 환경적 지속 가능성과 사회적 책임을 통합한 전략은 장기적으로 소비자 신뢰를 구축하고, 기업의 명성을 강화하며, 미래의 경제적 성공을 보장하는 중요한 요소로 자리 잡고 있다.

7 지속 가능성의 중요성

지속 가능성은 현대 소비자에게 점점 더 중요한 가치로 자리잡고 있다. 브랜드는 환경적, 사회적 책임을 다함으로써 소비자에게 긍정적인 이미지를 전달하고, 장기적인 신뢰를 구축할 수 있다.

8 지속 가능한 브랜드 전략

1) 친환경 제품 개발

- **재생 가능 자원 사용**: 재생 가능 자원을 사용하여 제품을 생산하고, 폐기물을 줄이는 노력을 한다.
- **에너지 효율성 향상**: 에너지 효율성을 높여 환경에 미치는 영향을 최소화한다.

2) 사회적 책임 활동

- **공정 무역**: 공정 무역 제품을 판매하여 생산자에게 공정한 대가를 지불하고, 경제적 불평등을 줄인다.
- **지역 사회 지원**: 지역 사회에 기여하는 활동을 통해 브랜드의 사회적 책임을 다 한다. 예를 들어, 교육 프로그램 지원, 지역 봉사 활동 등이 있다.

3) 지속 가능한 공급망 관리

- **투명한 공급망**: 공급망의 투명성을 확보하고, 지속 가능한 방식으로 운영한다.
- **파트너십 구축**: 지속 가능성을 중시하는 파트너와 협력하여 공급망 전반에 걸쳐 지속 가능성을 강화한다.

4) 소비자 교육

- **지속 가능성 교육**: 소비자에게 지속 가능성의 중요성을 교육하고, 친환경 제품 사용을 장려한다.
- **환경 캠페인**: 환경 보호를 위한 캠페인을 통해 소비자 참여를 유도한다.

미래의 브랜드 마케팅은 기술 발전, AI와 머신러닝의 활용, 지속 가능한 브랜드와 사회적 책임을 중심으로 발전할 것이다. 이러한 요소들은 브랜드가 소비자와 더욱 깊이 소통하고, 차별화된 가치를 제공하며, 지속 가능한 성장을 이루는 데 중요한 역할을 할 것이다. 이를 통해 독자들은 미래의 브랜드 마케팅 트렌드와 구체적인 실행 방법을 깊이 있게 이해할 수 있을 것이다.

- 올버즈(Allbirds[20], 미국): 올버즈는 친환경 소재로 제작한 신발 브랜드로, 지속 가능성에 대한 소비자의 관심이 증가함에 따라 빠르게 성장했다. 제품의 생산 과정에서 탄소 배출을 최소화하고, 이를 마케팅에 적극 활용하면서 MZ세대의 윤리적 소비를 이끌고 있다.

https://allbirds.co.kr/pages/our-story

- **브랜드 역사**

올버즈(Allbirds)는 2016년에 미국에서 설립된 친환경 신발 브랜드로, 뉴질랜드 출신의 전직 축구 선수 팀 브라운(Tim Brown)과 미국의 엔지니어 조이 즈윌링어(Joey Zwillinger)가 공동 창립했다. 창립 초기부터 **지속 가능성**을 핵심으로 삼아, **친환경 소재**를 사용한 신발을 제작하여 주목받았다. 올버즈

20 Allbirds: Barford, A. (2023). A Rise in Climate Litigation: A Warning to the Fashion Industry.

는 **양털**과 **재활용 소재**를 활용해 편안하면서도 환경에 미치는 영향을 줄인 제품을 생산하며, 친환경적인 소비를 지향하는 MZ세대의 윤리적 소비 트렌드를 이끌었다.

• 마케팅 성공의 배경

올버즈의 성공은 **지속 가능성**을 중심으로 한 마케팅 전략과 **친환경 소재**를 사용한 혁신적인 제품 개발에 있다. 올버즈는 친환경이라는 브랜드 가치를 내세워, 소비자들에게 **환경에 대한 책임**을 지는 제품을 제공하며, 브랜드 평판을 강화했다.

① 친환경 소재와 생산 공정: 올버즈는 **메리노 양모**와 **사탕수수** 같은 지속 가능한 천연 소재를 사용해 신발을 제작하며, 생산 과정에서 **탄소 배출을 최소화**하는 것을 목표로 하고 있다. 특히, 모든 제품에 대해 **탄소 발자국**을 공개하며, 이를 줄이기 위한 노력을 소비자들에게 알리고 있다. 이러한 투명성은 브랜드의 신뢰성을 높이고, 윤리적 소비를 중시하는 고객들의 호응을 얻는 데 중요한 역할을 했다.

② MZ세대를 겨냥한 마케팅: 올버즈는 **MZ세대**가 중요하게 여기는 가치인 **지속 가능성**, **환경 보호**, **윤리적 소비**를 핵심으로 하는 마케팅 전략을 펼쳤다. 친환경 소재로 제작된 제품이 소비자에게 편안함과 품질을 제공하는 동시에, 환경에 긍정적인 영향을 미친다는 메시지를 강력하게 전달하며, 젊은 소비자층의 지지를 얻었다.

③ 투명성 기반의 신뢰 구축: 올버즈는 제품 생산 과정에서 발생하는 **탄소 발자국**을 투명하게 공개하는 등, 소비자들과 **정직한 소통**을 이어가고 있다. 또한, 올버즈는 **재활용** 및 **지속 가능한 패션**의 중요성을 강조하며, 소비자들에게 제품의 제작 과정과 환경적 영향에 대해 명확히 알린다. 이러한 **투명한 커뮤니케이션**은 소비자들이 브랜드를 신뢰하고, 브랜드 충성도를 높이는 데 기여했다.

● 브랜드의 특별한 점

올버즈의 특별한 점은 **지속 가능성**을 핵심 가치로 삼은 **친환경 혁신**에 있다. 대부분의 신발 브랜드가 대량 생산과 인조 소재를 사용하는 반면, 올버즈는 **천연 소재**를 사용해 환경 보호에 기여하면서도 **편안함과 기능성**을 동시에 만족시키는 제품을 개발했다. 또한, 올버즈는 탄소 배출을 줄이기 위해 **탄소 중립** 목표를 설정하고, 이를 달성하기 위해 지속적인 노력을 기울이고 있다.

올버즈는 신발뿐만 아니라 **의류**로도 제품 라인을 확장하며, 모든 제품에서 친환경 철학을 유지하고 있다. 이 브랜드의 핵심 철학은 "더 나은 지구를 위한 더 나은 제품"이라는 비전을 실현하는 것이다.

● 미래의 브랜드 마케팅 전략

올버즈는 지속 가능한 소비를 추구하는 **미래의 브랜드 마케팅**에 있어서 혁신적인 접근을 보여주고 있다. 브랜드는 **환경 보호와 탄소 발자국 감소**를 소비자들에게 적극적으로 알리며, 제품 구매가 곧 **환경적 책임을 지는 선택**이라는 메시지를 전달하고 있다.

① 탄소 중립 목표: 올버즈는 제품 생산에서 **탄소 배출을 줄이기** 위해, **탄소 중립**을 목표로 하고 있다. 이를 위해 제품의 수명 주기 분석(Life Cycle Assessment)을 통해 각 단계에서 발생하는 환경적 영향을 파악하고, 탄소 배출을 줄이기 위한 방법을 지속적으로 개발하고 있다. 이와 함께 소비자들에게 **탄소 발자국을 명시한 라벨**을 제공하여, 그들이 환경에 미치는 영향을 쉽게 이해할 수 있도록 한다.

② 지속 가능한 패션 캠페인: 올버즈는 단순한 제품 판매를 넘어서, **지속 가능한 패션**에 대한 인식을 높이기 위한 다양한 캠페인을 진행하고 있다. 이러한 캠페인은 소비자들에게 환경에 대한 책임을 강조하며, 브랜드와 함께 **윤리적 소비를 실천**할 수 있는 기회를 제공한다.

③ 제품 혁신과 확장: 올버즈는 지속 가능성뿐만 아니라, **제품의 편안함과 성능**에도 중점을 둔 혁신을 계속하고 있다. 신발의 경우, 발의 편안함을 극대화하면서도 환경적 영향을 최소화한 디자인을 유지하고 있으며, 앞으로도 이러한 혁신적인 제품을 확장해 나갈 계획이다.

● **결론**

올버즈는 **지속 가능성과 환경 보호**를 핵심으로 하는 브랜드 마케팅 전략을 통해 빠르게 성장했으며, **미래의 브랜드 마케팅**에서 중요한 롤모델로 자리 잡고 있다. **탄소 중립** 목표와 **친환경 소재** 사용을 바탕으로 한 혁신적인 제품 개발은 소비자들의 신뢰를 쌓고 있으며, 앞으로도 **지속 가능한 소비**를 주도하는 브랜드로 성장할 가능성이 크다.

Work Sheet - 12

교과목:

학번:

이름:

미래의 브랜드 마케팅에 대해 작성하시오.

1. 기술발전과 브랜드 마케팅의 중요성?

2. 디지털 기술의 활용?

3. 지속가능한 브랜드 전략?

[국문]

김경민, 최은정, 곽준식, 박정은(2023), '고객가치기반 브랜드 원론', 박영사.

김덕용(2021), '브랜드 개념과 실제', 박영사.

김성제(2009), '현대 브랜드 경영 전략': 이론과실제, 교보문고.

김주호(2021), '브랜드 전략', 학현사.

김유경, 김유신(2015), '공공 브랜드의 이해', 커뮤니케이션북스.

김진열, 최정선(2023), '창업마케팅', 박영사.

백금기(2018). '네트워키 마케팅은 브랜드다', 에스북.

박정재(2023), '브랜드 팬덤 콘텐츠 마케팅', 열린 인공지능.

박정은, 김경민, 김태완(2020), '고객 가치 기반 마케팅', 박영사.

박찬우(2020), '스노우볼 팬더밍', 심앤파커스.

서용구, 구인경(2020), '브랜드 마케팅 제4판', 창명.

안광호(2017), '고객지향적 마케팅', 북넷.

이명식, 양석준, 최은정(2018), '전략적 브랜드 마케팅 제2판', 박영사.

이훈영(2019), 마케팅조사론, 청람.

임태수(2020), 브랜드 마케팅 브랜디드, 안그라픽스.

원제무, 서은영(2015), 서비스 브랜드 마케팅, 박영사.

조세현(2021), '브랜드 마케팅의 힘', 밥북.

정영미, 배정환, 임명재 (2021) '서비스 브랜드 마케팅', 윤성사.

한국국제문화교류진흥원(2022), 해외한류 실태조사(분석편)

[영문]

Armstrong, G. & Kotler, P. (2020), *Marketing: An Introduction*, Pearson.

Chaffey, D. & Ellis—Chadwick, F. (2019), *Digital Marketing*, Pearson.

Keller, K. L. (2012), *Strategic Brand Management*, Pearson.

Kotler, P. & Armstrong, G. (2019), *Principles of Marketing*, Pearson.

Kotler, P. & Keller, K. L. (2016), *Marketing Management*, Pearson.

Kurtz, D. L. & Boone, L. E. (2015), *Contemporary Marketing*, Cengage Learning.

Lamb, C. W., Hair, J. F., & McDaniel, C. (2018), *Essentials of Marketing*, Cengage Learning.

Malhotra, N. K. (2020), *Marketing Research: An Applied Orientation*, Pearson.

Pickton, D. & Broderick, A. (2005), *Integrated Marketing Communications*, Pearson.

Schiffman, L. G. & Wisenblit, J. (2019), *Consumer Behavior*, Pearson.

색인

저자소개

최은지

호남대학교 경영학부 조교수

한국문화산업학회 편집위원장

한국벤처창업학회 상임이사

중국 곡부사범대학교 강의교수

최정선

가천대학교 일반대학원 경영학과 겸임교수

한국전통문화연구소 소장

KSCI(사)한국문화산업학회 상임이사

출판: "창업마케팅"(2023) 공동저자

브랜드 마케팅

초판발행	2025년 3월 7일
지은이	최은지·최정선
펴낸이	안종만·안상준
편 집	탁종민
기획/마케팅	김한유
표지디자인	BEN STORY
제 작	고철민·김원표
펴낸곳	(주)**박영사**
	서울특별시 금천구 가산디지털2로 53, 210호(가산동, 한라시그마밸리)
	등록 1959.3.11. 제300-1959-1호(倫)
전 화	02)733-6771
f a x	02)736-4818
e-mail	pys@pybook.co.kr
homepage	www.pybook.co.kr
ISBN	979-11-303-2190-5 93320

*파본은 구입하신 곳에서 교환해 드립니다. 본서의 무단복제행위를 금합니다.

정 가   23,000원